U0741981

净雅教育

奠基学生成长

车文胜　汪国柱◎著

安徽师范大学出版社
·芜湖·

图书在版编目(CIP)数据

"净雅教育"：奠基学生成长 / 车文胜, 汪国柱著.
芜湖：安徽师范大学出版社, 2025. 4. -- ISBN 978-7
-5676-7309-0

Ⅰ. G632.0

中国国家版本馆 CIP 数据核字第 2025QR1645 号

"净雅教育"：奠基学生成长

车文胜　　汪国柱◎著

JING YA JIAOYU DIANJI XUESHENG CHENGZHANG

责任编辑：潘　安		责任校对：辛新新	
装帧设计：张　玲		责任印制：桑国磊	

出版发行：安徽师范大学出版社

芜湖市北京中路2号安徽师范大学赭山校区　　　　邮政编码：241000

网　　址：http://press.ahnu.edu.cn

发 行 部：0553-3883578　5910327　5910310(传真)

印　　刷：江苏凤凰数码印务有限公司

版　　次：2025年4月第1版

印　　次：2025年4月第1次印刷

规　　格：710 mm ×1 000 mm　　1/16

印　　张：15.5

字　　数：233千字

书　　号：978-7-5676-7309-0

定　　价：62.00元

凡发现图书有质量问题,请与我社联系(联系电话:0553-5910315)

序

　　本书依据《义务教育课程方案（2022年版）》及义务教育各学科2022年课程标准，结合芜湖市第十一中学城东校区"净雅教育"办学理念，以新课程方案提出的"义务教育要在坚定理想信念、厚植爱国主义情怀、加强品德修养、增长知识见识、培养奋斗精神、增强综合素质上下功夫，使学生有理想、有本领、有担当，培养德智体美劳全面发展的社会主义建设者和接班人"为培养目标，探索形成"有理想、有本领、有担当"时代新人九年贯通式培养的学校实践样本。

　　学校构建的"净雅教育"，以人为本，关照生命，立足孩子本体，尊重孩子天性，关注孩子个性，引领每一个生命有尊严地自主成长。"净雅教育"的彼岸，是一群群鲜活生动的孩子，是在九年乃至更长的时间里把孩子们培养成政治上有理想、学识上有本领、行动上有担当的新时代好少年。

　　本书从八个方面进行阐述：①立足"三有"新人，开创"净雅教育"；②优化"净雅"管理，提高办学质量；③培养"净雅"教师，树教育家精神；④创设"净雅"课程，提升育人品质；⑤打造"净雅"课堂，焕发生机活力；⑥实行"净雅"评价，促进学生发展；⑦建设"净雅"

校园，营造培育环境；⑧赓续"净雅教育"，规划时代蓝图。这些既是芜湖市第十一中学城东校区办学理念落地生根的生动实践，又是学校开办以来各项荣誉成果的集中展现。

从开创"净雅教育"来看："净"，净如水，纯净心灵，净化万物；"雅"，雅如字，正己正人，成人成己。人成长的过程就是不断自我"净"化和"雅"正的过程。"净雅教育"以提升学校文化品位为愿景，塑造教育发展新动能和新优势，为学生的发展奠基，将"净心雅行，知行合一"理念渗透到每一位师生的思想与行为之中，从而更好地落实对"三有"新人的培养。

从优化"净雅"管理来看，学校严格落实党组织领导的校长负责制，分设校党总支书记、校长（党总支副书记），逐步形成常态化沟通协调运行机制，党政配合、通力合作，共同促进教育事业高质量发展。为了使学校管理有章可循，学校适时进行制度的"废改立"，各部门将本部门的工作职责与事关学校全局性的制度紧密结合起来，围绕制度全不全面、适不适应、管不管用、高不高效四个问题，全面梳理、修订、制定各项规章制度，并汇编成册，同时加强对制度的学习及宣传，确保制度能贯彻落实到位。为了促进学校各项工作高效有序开展，学校不断推进管理的信息化建设，依托芜湖智慧教育平台，学校增设公文流转、周程管理、教师发展评价、报修系统、智能考勤、请假管理、智能考务、值班排班等子平台，不断推进服务移动化建设，推动相关职能部门快速解决管理中的问题，提高了办学质量。

从培养"净雅"教师来看，学校明确提出了新时代美丽教师的责任和标准，充分发挥身边最美教师的榜样力量，利用名师分享、道德讲堂等活动提升教师师德和爱岗敬业精神。教师的纯净儒雅要靠知识和学养来支撑，需要长期的自觉修炼方可奏效。教师要读万卷书，行万里路，要进行有效的反思，形成自己的教学主张，从而立德、立言、立行，形成内外兼修的独特的人格魅力。每一位教师在学习中要明确使命担当，不忘初心，砥砺品格，成为党和人民满意、学生喜欢的教师。为深入贯彻党的二十大精神，有效促进学校教师梯队建设，培养教育高层次人才，学校鼓励教师积极开展教育教学改革、参与重大课题研究，落实立德树人根本任务。根据《芜湖市教育高层次人才项目评审管理办法（试行）》等文件精神，结合学校教师实际，学校组织实施校级名师、学科带头人、骨干教师分层培养机制以及名班主任培养机制，制定了学校"双名工程"培养项目的实施方案，以规范学校名师和名班主任的选拔、管理工作，并给予经费支持，促进青年教师不断进取、成长、成才，充分发挥名师和名班主任的示范、引领、辐射作用，旨在树立教育家精神。

从创设"净雅"课程来看，学校积极构建"以生为本，发展个性"的课程体系，采用"1+1+X"模式，实施"两个稳定、一个开放"的管理机制。"两个稳定"，一是严格执行国家课程，另一个是特色课程进课表；"一个开放"，指可供学生自行选择的校本课程。学校在开齐开足国家课程的基础上，设置了促进学生全面发展的"净心""雅行"校本课程。"净心"校本课程包括启智、润心课程；"雅行"包括雅韵课程、力行课程。"净心""雅行"校本课程的设置诠释了学校"净雅教育"的内涵，建构了"知行合一，互相润泽"的课程交融体系，它们纵横交错，赋能"五育并举"，提升了育人品质。

从打造"净雅"课堂来看，学校着力打造"净雅"课堂。"净雅"课堂加强学科实践和主题探究，以学科实践为抓手，推进育人方式的根本变革，推动核心素养课堂教学全面深化改革。同时，"净雅"课堂追求和谐的艺术，即课改理念与教学本原的和谐、走进教材与重组创造的和谐、教学预设与互动生成的和谐、小组合作与独立思考的和谐、朴实语言与艺术渲染的和谐、传统手段与信息技术的和谐、关注过程与重视结果的和谐、项目学习与学科融合的和谐等，使得课堂教学焕发活力。

从实行"净雅"评价来看，学校为进一步落实深化新时代教育评价改革各项要求，不断创新评价的方式方法，做到了评价主体多元化，评价方式多样化。最值得一提的是，学校改革了综合素质发展性评价记录手册的内容。每年9月份，学校都会为一年级、七年级的每位学生准备一本记录手册。该手册是对学生在小学及中学整个成长历程的记录，更是对综合素质过程性评价的直观呈现，对学生来说有特殊的意义。在手册中，学校加入了"'有理想、有本领、有担当'时代新人素养培养学段目标"。学段目标的内容详细具体，操作性强，很好地向学生和家长展示了学校培育"三有"新人的理念，是学生成长的方向。学生可以对照学段目标不断自省。家长也可结合此学段目标，有针对性地鼓励孩子，有效地进行家庭指导。该手册的使用体现了学校过程性评价的连续性与成长性。其中每一学期的"学生学科学业水平及综合表现评价"板块，包括自我评价、同学评价、班主任寄语、家长寄语等内容。这样的设计整合了学生自评、互评、家长评价、教师评价，充分发挥了学生及家长的主观能动性，将家庭评价与学校评价紧密相连，形成了更加完善的评价体系，最大化地发挥了家校共育的力量，从而更好地促进了学生的健康成长。

从建设"净雅"校园来看，学校在校园环境的建设上彰显了"净雅教育"的文化内涵，使每一个人都能在良好的校园环境中濡养精神、润泽心灵、丰富体验、塑造灵魂，寓教育于有形之中，提升学校环境育人功能和文化影响力，发挥"润物细无声"的作用。学校系统性地开展校园环境基础设施修缮工作，以"席地而坐"的标准打造"最干净校园"；加大校园绿化、美化工作，让师生乐享"推窗见绿，出门赏景，起步闻香"的校园生活；结合政府投资计划项目和学校实际，建设"净雅"系列文化石、文化墙，逐渐营造"串点连线成片"的"净雅教育"校园文化氛围，打造了绿色的培育环境。

从赓续"净雅教育"来看，"净雅教育"的美好蓝图，正是建立在对国家大政方针的深刻领悟、对具体校情的生动诠释以及理论与实践、改革与发展相结合的基础上。相信芜湖市第十一中学城东校区能践行好"净雅教育"，并在未来的探索和实践中夯实和完善"净雅教育"理念，以"净雅教育"为指引，铸就一个又一个新的教育辉煌，规划新时代教育蓝图，为总体实现教育现代化宏伟目标贡献力量！

　　"培根铸魂，求是至臻"是"净雅教育"的育人目标。本书坚持落实立德树人的根本任务，从课程育人、活动育人、环境育人等方面将德智体美劳纳入学生培养的全过程，引领学生做"有理想、有本领、有担当"的时代新人。书中特别呈现了一些实践案例，鲜活生动，可操作性强，值得大力推广。

安徽师范大学教育科学学院院长、教授　李宜江
二〇二五年三月八日

目　录

第一章

立足"三有"新人,开创"净雅教育"

在新时代背景下，教育领域正面临着前所未有的挑战与机遇。立足培养"有理想、有本领、有担当"的时代新人，我们提出了"净雅教育"这一校园文化理念。"净雅教育"不仅仅是知识的传授，更是对品德的塑造和精神的培养。它强调在教育过程中，要营造一个纯净无污染的学习环境，让学生在知识的海洋中自由探索，同时在高雅的文化氛围中培养学生高尚的情操和审美能力。

本章先简要介绍学校概况及发展要求，然后重点介绍"净雅教育"丰富的文化内涵，以及芜湖市第十一中学城东校区在"净雅教育"理念的引领下，以省级课题为抓手，探索"三有"新人九年一贯制培养路径。

第一节 学校概况及发展要求

芜湖市第十一中学城东校区建校十几年来，持续发展，规模不断扩大，在教育上呈现特色。

一、学校概况

芜湖市第十一中学城东校区（即安徽师范大学附属外国语学校城东校区）系九年一贯制学校，始建于2011年，开办于2013年9月，2015年2月由鸠江区属学校划为芜湖市直属学校。小学部坐落于鸠江区国泰路与天池路交叉口；初中部于2023年9月迁至鸠江区云从路与赤铸山路交叉口，校名为芜湖市尚文中学。

1.校名变更情况

2013年9月校名为安徽师范大学附属外国语学校城东尚文学校；2013年10月更名为安徽师范大学附属外国语学校城东分校；2015年2月更名为安徽师范大学附属外国语学校城东校区；2024年10月更名为芜湖市第十一中学城东校区。

2.获得的荣誉

2020年12月，受中共芜湖市委、芜湖市人民政府表彰，学校获评"芜湖市高质量发展先进集体"，系全市（含县区）教育系统唯一获此殊荣的学校。

近年来，学校在多项工作中表现优异，获评"安徽省首批中华优秀传统文化传承学校""安徽省教科文卫体系统工会女职工工作先进集体""第十八届上海教育博览会优秀参展单位""芜湖市文明校园""芜湖市中小学心理健康教育特色学校""2022年'戏曲进校园'活动优秀类学校"
"芜湖市中小学'人工智能+教育'应用星级实验学校十星级学校""市直
教育系统先进基层党组织""中国陶行知研究会实验学校""芜湖市中小
学劳动教育示范学校"等。

3.办学规模与师资力量

近年来,学校办学规模不断扩大,师资力量逐步增强,截至2025年
2月,共计121个班级、5700余名学生、330余名教师。学校环境优美,
硬件设施设备完善先进;师资力量雄厚、专业素质高,共有省、市优秀
教师25人,安徽省特级教师1名,安徽省教坛新星3人,芜湖市名校长1
名,芜湖市名师2人,芜湖市学科带头人10人,市骨干教师23人,市名
师工作室主持人2人,芜湖市名班主任工作室主持人1人,正高级职称2
人,高级职称25人,中级职称91人,研究生学历46人。规范有效的教
师梯队建设促使青年教师不断进取、成才、成长,充分发挥了名师和名
班主任的示范、引领、辐射作用,为学校的持续发展提供了源源不断的
动力。

4.办学理念

为深入贯彻党的二十大精神,优化"双减"实施的策略,在上级教
育主管部门领导下和教育集团领导下,学校提出"净雅教育"办学理念,
积极探索教育教学新思路,落实"育为中华振兴的优秀人才,办与国际
接轨的特色学校"的办学目标。建设一支师德高尚、勇于创新的"大先
生";培养一批五育融合、全面发展的时代新人;打造一所智慧与文化品
牌并存的校园,持续推进学校高质量发展。

二、发展要求

芜湖市第十一中学城东校区教育的持续发展,是国内教育发展的需
求,是本地教育发展的需求,也是学校教育发展的需求。

1.国内教育发展的需求

在中国特色社会主义新时代，习近平总书记围绕青年培养的目标，明确提出了要培养有理想、有本领、有担当的时代新人。这一理念体现了对青少年儿童的全面期望，旨在通过理想信念教育、红色基因培育等手段，确保青少年儿童成为社会主义建设者和接班人。

"五育并举"是中国当代教育的重要思想，它强调德智体美劳全面发展，对于培养优秀人才和推动社会进步具有重要意义。"五育并举"有利于提高人的综合素质，使人具备全面的知识和技能，更好地适应社会发展的需要；有利于培养人的创新精神和实践能力，促进人智力的发展，提高人的竞争力；有利于培养人的团队合作精神和良好的道德品质，增强人的社会责任感和公民意识，为国家和社会的未来发展提供有力的人才保障。它对于推动教育事业的发展和促进社会进步具有深远的意义。

2.本地教育发展的需求

芜湖市第十一中学城东校区是芜湖市教育局直属的、依托于安徽师范大学附属外国语学校教育集团创办的九年一贯制学校。集团本部有百年办学历史，弘扬的校园文化是"博雅教育"，教育理念是"合适的教育就是最好的教育"，校训是"爱国 修身 博学 行天下"。

3.学校教育发展的需求

2023年，恰逢学校开办十年。十年的积淀，我们思考着分校的发展方向，提炼出"净雅教育"的办学理念。"净雅教育"以"百年附外"凝聚的核心文化"雅"为基石，以"净"文化打造城东校区教育新天地和新赛道。内塑心灵，外化行为，将"净心""雅行"渗透到每一位师生的思想与行为之中。

第二节 丰富"净雅"内涵,关照个体成长

校园文化是学校发展的灵魂,它如同无形的磁场,塑造着师生的精神气质与行为方式。作为教育生态的软性操作系统,校园文化不仅通过校训、仪式、建筑等传递价值导向,更在课程设计、师生互动、社团活动中创造出浸润式的成长环境。它将冰冷的制度转化为有温度的价值认同。这种文化生态既守护着教育传统的精神根脉,又激发着适应未来的创新动能,最终使学校超越物理空间的局限,成为滋养生命、传承文明的精神栖息地。

芜湖市第十一中学城东校区自提出"净雅教育"办学理念以来,不断挖掘"净雅教育"的内涵,深化对"净雅教育"理念的认识,并落实到具体的教育行为中。

一、"净雅教育"的深刻内涵

"净",表示清洁、洁净,从教育意义来说,"净"就是走进人心灵的深处,使人的心灵永葆纯净,教人做一个纯粹的人,向真、向善、向美。

"雅",表示高尚、美好,从教育意义来说,"雅"就是让人具有高尚的道德情操和良好的行为规范,教人向阳而立、向暖而生、向美而行。

"净雅教育"以人为本,关照生命,立足学生本体,尊重学生天性,关注学生个性,引领每一个生命有尊严地自主成长。坚持以真教真,以善导善,以美促美,使每一个生命都能领略到成长的快乐与充实,以引导每个孩子怀揣梦想,坚定前行,以实现学校"培根铸魂 求是至臻"的育人目标,实现"育为中华振兴的优秀人才,办与国际接轨的特色学校"的办学目标。

"净雅教育"全面贯彻党的教育方针，落实立德树人的根本任务，培养有理想、有本领、有担当的德智体美劳全面发展的社会主义建设者和接班人。

二、"净雅教育"的独特标识

图1-1 "净雅教育"的标识

"净雅教育"的标识图是一朵盛开的莲花，寓意学校是一方净土。五瓣莲花，象征欢呼雀跃的孩子们争先恐后地向上生长，标识的动态表示孩子们积极向上的健康心理状态。五瓣寓意德智体美劳"五育并举"理念。中间的细水长流，代表延绵不绝地生长，既有水的纯净，又与校名、校徽遥相呼应。色彩以绿色为主色调，绿水长流，寓意孩子们如绿芽在"净雅教育"的环境中茁壮成长。

三、以"净雅教育"为抓手，赋能"五育并举"

学校以"净雅教育"为抓手，以新课程方案和新课标理念为依据，以立德树人为根本任务，以课程育人为导向，遵循教育教学规律，着力推进"五育并举"在学校全面开花，贯通式培养有理想、有本领、有担当的"三有"新人。

表1-1　"净雅教育"校园文化建设要点

办学理念	净雅教育
校　训	净其心　雅其行
校　风	心至善　行至美
教　风	启智润心　立己达人
学　风	明辨善思　笃志力行
育人目标	培根铸魂　求是至臻

"净心"指坚定理想信念、厚植爱国情怀、加强品德修养、增长知识见识、培养审美情趣。

"雅行"指举止优雅文明、乐于学习思考、善于真诚合作、具有探究意识、富有创新精神。

"净雅教育"的核心价值凝练为校训"净其心　雅其行"，就是净化心灵，雅正行为，知行合一，使我们的学生向阳而生、向梦而行，做有根、有魂的中国人。

四、"净雅教育"进入校歌

校歌是校园文化的精神图腾，承载着一所学校的集体记忆与价值追求。它用旋律与文字编织出独特的精神密码，在师生传唱中延续办学理念的薪火。作为校园生活的文化基因，校歌不仅通过庄严的仪式感强化身份认同，更在悠扬的韵律里凝聚着情感共鸣——新生在歌声中开启求知之旅，毕业生在旋律里回望青春岁月，校友则凭借熟悉的音符跨越时空与母校重逢。这种融会历史积淀与时代精神的声音符号，既是校园共同体的情感纽带，又是镌刻在师生心灵深处的精神坐标，持续传递着超越时空的文化力量。

我们创作的校歌《曙光》，通过愉悦、动听的旋律，将"净雅教育"的理念融入歌词："附外城东，扬帆起航，净心雅行逐梦四方"，"培根铸魂，求是至臻，心善行美向光而生"，浸润到老师们、同学们的心中。

曙　光

作词：何诚意 车文胜
作曲：葛俊君
后期：高美涵

原调♭B

♩ = 70

1.每一双眼睛，　都向往太阳，　每一颗心灵，
2.每一声问候，　都呼唤太阳，　每一双手掌，

都渴望成长。　明辨善思，擦亮我们的理想，
都呵护成长。　启智润心，敞开我们的臂膀，

笃志力行　挺起我们的胸膛。　　磨炼本领，
立己达人　撑起我们的脊梁。　　仁爱道德，

五、"净雅教育"列入省级课题

基础教育学校开展课题研究是推动教育质量提升的重要引擎。与学术机构的纯理论研究不同，基础教育课题以"问题导向"为核心，聚焦课堂教学、学生成长、课程改革等真实场景，通过系统性研究将碎片化经验转化为可推广的教育策略。对学校而言，课题网络如同根系般联结起教研组与管理部门，既能沉淀特色办学经验，又形成"研究—实践—改进"的生态循环，最终使学校从经验型管理迈向循证型发展的新阶段。

　　为了更好地落实"净雅教育"，学校充分发挥教科研的力量，以课题为抓手。2023年，在安徽师范大学教育科学学院专家的引领下，在我校教研工作人员的共同努力下，我们成功申请了安徽省教育科学重点研究项目——"'有理想、有本领、有担当'时代新人九年贯通式培养的实践研究"。安徽师范大学教育科学学院院长李宜江教授在开题论证会上做了指导。

图1-2　开题论证会合影

　　有了"净雅教育"理念的引领，以省级课题为抓手，芜湖市第十一中学城东校区制定了一系列切实可行的规章制度，开创了个性化的特色课程，开展了丰富多样的学生实践活动，实行了具有针对性的学科评价体系，旨在更好地关照个体成长，让每一位孩子在"净雅"校园里张扬个性、发挥特长、健康快乐成长。

本章结语

　　"净雅教育"的核心价值即"净其心 雅其行"，净化心灵，雅正行为，知行合一，使学生做有根、有魂的中国人。"净雅教育"全面贯彻党的教育方针，落实立德树人的根本任务，旨在培养有理想、有本领、有担当的德智体美劳全面发展的社会主义建设者和接班人。

第二章

优化"净雅"管理，提高办学质量

优化学校管理一直是提高办学质量的关键。学校管理应以学生发展为核心，建立科学、民主的决策机制。通过引入现代管理理念和技术，如数据分析和信息管理系统，可以精准地把握教育动态，及时调整教学策略。学校管理应注重效率和创新，通过定期评估和反馈机制，不断优化管理流程，提高资源利用效率，以实现教育的可持续发展。通过优化学校管理，我们能够为学生提供更优质的教育环境，从而有效提高办学质量，培养出更多适应未来社会发展需求的高素质人才。

本章将全面介绍芜湖市第十一中学城东校区制定、修订的规章制度，以及芜湖市第十一中学城东校区依托芜湖市智慧教育平台，不断推进校园管理的信息化建设成果。

第一节 学校管理，有章可循

学校管理是学校管理者在一定社会环境条件下，遵循教育规律，采用一定的手段和措施，带领和引导师生员工，充分利用校内外的资源和条件，有效实现工作目标而进行的一种组织活动。随着教育改革进程的不断深入，教育管理已逐渐成为学校管理者和教师日常工作的重点内容，只有做好管理工作，提高教育管理的质量和效率，才能办好一所学校。

一、"净雅"管理结构

学校的管理对象是人，要管好人，必须建立完善的制度，用制度约束人、激励人。学校严格落实党组织领导的校长负责制，分设校党总支书记、校长，逐步形成常态化沟通协调运行机制，党政配合、通力合作，共同促进教育事业高质量发展。

将"党管教育"有效落在实处，为"净雅教育"的落实提供了坚固的基础。

1.学校党组织机构设置

学校党组织机构设置，见图2-1所示。

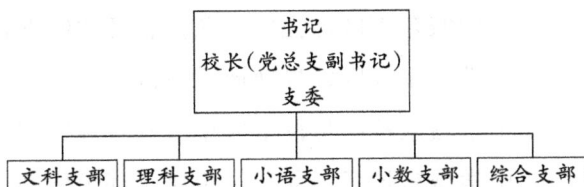

图2-1 学校党组织机构设置

2.学校行政机构设置

学校行政机构设置，见图2-2所示。

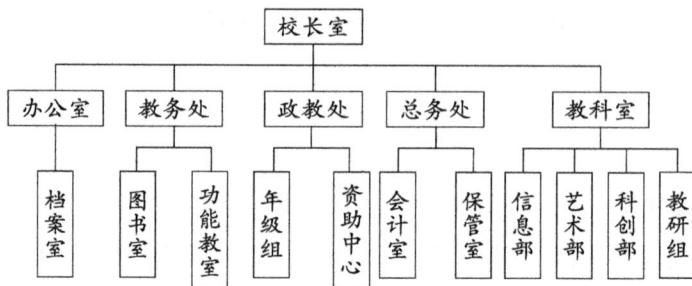

图2-2 学校行政机构设置

二、"净雅"管理制度

为了使学校管理与时俱进、有章可循，学校适时进行制度的"废改立"，围绕制度全不全、适不适应、管不管用、高不高效四个方面，全面梳理、修订或补充各项规章制度，并汇编成册。如：

《芜湖市第十一中学城东校区章程》；

《芜湖市第十一中学城东校区党组织会议议事规则（试行）》；

《芜湖市第十一中学城东校区校长办公会议议事规则（试行）》；

《芜湖市第十一中学城东校区党总支书记和校长经常性沟通制度（试行）》；

《芜湖市第十一中学城东校区党建带群建工作制度》；

《芜湖市第十一中学城东校区党务公开制度》；

《芜湖市第十一中学城东校区加强党员队伍管理的制度》；

《芜湖市第十一中学城东校区领导廉政勤政制度》；

《芜湖市第十一中学城东校区贯彻落实中央八项规定实施办法》；

《芜湖市第十一中学城东校区培养年轻中层干部工作办法》；

《芜湖市第十一中学城东校区全体教职工例会制度》；

《芜湖市第十一中学城东校区教职工代表大会章程》；

《芜湖市第十一中学城东校区行政值班制度》；

《芜湖市第十一中学城东校区教师政治、业务学习与培训制度》；

《芜湖市第十一中学城东校区校务公开制度》；

《芜湖市第十一中学城东校区信访工作制度》；

《芜湖市第十一中学城东校区中层干部例会制度》；

《芜湖市第十一中学城东校区全员坐班制管理制度（试行）》；

《芜湖市第十一中学城东校区年度教职工考核工作办法（试行）》；

《芜湖市第十一中学城东校区关于校内推荐"芜湖市优秀教师""芜湖市优秀教育工作者"的评选办法》；

《芜湖市第十一中学城东校区关于推选"江城最美教师"的评选办法》；

《芜湖市第十一中学城东校区"十佳班主任""优秀班主任"评选方法》（附《芜湖市第十一中学城东校区"十佳班主任""优秀班主任"申报评分表》）；

《芜湖市第十一中学城东校区关于新闻媒体记者来校采访的有关规定》；

《芜湖市第十一中学城东校区教师教育科研成果认定及存档的有关规定》；

《芜湖市第十一中学城东校区职称考评考核细则》；

《芜湖市第十一中学城东校区关于专业技术岗位内部等级晋升工作实施方案》；

《芜湖市第十一中学城东校区奖励性绩效工资分配方案（试行）》；

《芜湖市第十一中学城东校区加班管理规定》；

《芜湖市第十一中学城东校区关于学校公章使用管理的制度规定》；

《芜湖市第十一中学城东校区内部控制改进制度》；

《芜湖市第十一中学城东校区行政权力运行监控机制实施方案》；

《芜湖市第十一中学城东校区教学常规管理制度》；

《芜湖市第十一中学城东校区教师教学与科研评估细则》；

《芜湖市第十一中学城东校区招生管理制度》；

《芜湖市第十一中学城东校区师德师风考核办法》；

《芜湖市第十一中学城东校区外籍教师管理规定》；

《芜湖市第十一中学城东校区实验室安全管理制度》；

《芜湖市第十一中学城东校区行政干部联系教研组制度》；

《芜湖市第十一中学城东校区行政干部听课评课制度》；

《芜湖市第十一中学城东校区毕业班日常课堂教学听课制度》；

《芜湖市第十一中学城东校区教研组长聘任方案》；

《芜湖市第十一中学城东校区班主任例会制度》；

《芜湖市第十一中学城东校区班主任、班集体考核办法》；

《芜湖市第十一中学城东校区校级名师遴选条件》；

《芜湖市第十一中学城东校区校级骨干教师遴选条件》；

《芜湖市第十一中学城东校区学科带头人评选条件》；

《芜湖市第十一中学城东校区班主任家访制度》；

《芜湖市第十一中学城东校区学生家长委员会章程》；

《芜湖市第十一中学城东校区"优秀团员""优秀团干部""先进团支部"评选规定》；

《芜湖市第十一中学城东校区"优秀少先队辅导员"评选规定》；

《芜湖市第十一中学城东校区家长会制度》；

《芜湖市第十一中学城东校区心理健康教师工作制度》；

《芜湖市第十一中学城东校区新团员发展工作制度》；

《芜湖市第十一中学城东校区"名班主任工作室"主持人评选标准》；

《芜湖市第十一中学城东校区上学放学交通安全制度》；

《芜湖市第十一中学城东校区校园安全事故应急处理预案》；

《芜湖市第十一中学城东校区关于做好教育信息化建设工作落实举措》；

《芜湖市第十一中学城东校区校园车辆停放管理规定》；

《芜湖市第十一中学城东校区安全工作责任追究制度》；

《芜湖市第十一中学城东校区不相容岗位管理制度》；

《芜湖市第十一中学城东校区"班班通"设备保养与维护制度》；

《芜湖市第十一中学城东校区预算编制制度》；

《芜湖市第十一中学城东校区财务管理制度》；

《芜湖市第十一中学城东校区差旅费管理规定》；

《芜湖市第十一中学城东校区公用经费管理及使用制度》；

《芜湖市第十一中学城东校区物品采购制度》；

《芜湖市第十一中学城东校区资产管理制度》；

《芜湖市第十一中学城东校区固定资产管理制度》；

《芜湖市第十一中学城东校区小型维修工程招投标实施办法》；

《芜湖市第十一中学城东校区小型维修改造工程管理办法（暂行）》。

以上规章制度均浸润着"净雅教育"的办学理念而落实于学校日常运行中。下面举五例予以说明：

其一，《芜湖市第十一中学城东校区章程》第一章第八条直接提出"净雅教育"的办学理念之具体要求："在'净雅教育'的办学理念下，优化'净雅'管理，提高办学质量；培养'净雅'教师，树教育家精神；创设'净雅'课程，提升育人品质；建立'净雅'评价，促进学生发展；建设'净雅'校园，营造培育环境。"参见附录相关内容。

其二，为细化班主任工作评比内容，制定并完善相关制度，特别出台了《芜湖市第十一中学城东校区"十佳班主任""优秀班主任"评选方法》（附《芜湖市第十一中学城东校区"十佳班主任""优秀班主任"申报评分表》）。参见附录相关内容。

其三，为细化教师教学与科研工作评估内容，收集相关信息，制定相关制度，特别出台了《芜湖市第十一中学城东校区教师教学与科研评估细则》，在实际运行中保持观察、记录与修订。参见附录相关内容。

其四，为保障外籍教师的教学特色与教学质量，正确处理好"涉外教育"的相关问题，学校勇于管理、大胆探索，制定并落实《芜湖市第十一中学城东校区外籍教师管理规定》，列出具体规定，如"外籍教师要严格履行合同，不得自行随意调课，不得利用教学时间外出观光、旅游"
"学校向外籍教师介绍我国的教育方针、政策、教学制度、学校的培养目标、教学组织、教学计划和教学中的重大改革和重大问题""允许外籍教师用不同的方法进行教学，鼓励外籍教师提出意见和建议""外籍教师要关心学生道德品质的培养""外籍教师不得以学校名义在我校学生中散发《圣经》等宗教书"等。参见附录相关内容。

其五，为保障学生安全，有效处理校园安全事故，特别是处理突发传染性疾病事故，学校总结多方经验与要求，研究并制定了《芜湖市第十一中学城东校区校园安全事故应急处理预案》，以便及时而正确地处理校园安全事故。参见附录相关内容。

第二节 数字校园，优化管理

为了促进各项工作高效有序开展，学校不断推进管理的信息化建设。依托芜湖智慧教育平台，学校增设公文流转、周程管理、教师发展评价、报修系统、智能考勤、请假管理、智能考务、值班排班等子平台，不断推进服务移动化建设，推动相关职能部门快速解决管理中的问题，提升师生满意度。

一、建设背景

近年来，学校办学规模逐步扩大，师资力量逐步增强。短短几年内，学校体量的飞速发展，社会大众的持续关注，传统的办公和教育教学方式不能满足及时快速处理信息的需要，为了实现学校的高质量办学，校园的信息化、智慧化问题亟待解决。

此时，恰逢智慧芜湖教育工程项目在部署，为促进学校高质量发展提供了机遇。学校紧跟智慧教育推进的时势，将智慧学校建设作为学校发展的重要战略目标，成立项目建设工作领导小组，先行先试，大胆开拓，围绕智慧管理、智慧课堂等重要议题，对学校信息化应用进行设计规划并逐步落实。

二、基础保障

智慧学校的建设离不开学校良好硬件的支持，离不开一支素质过硬的教师队伍的支持，更离不开技术与平台的支持。学校通过多方面措施加以保障，为智慧教育数字化转型打下良好基础。

1.制度保障

智慧学校建设前期，为快速有效地推进项目建设，学校制定了《芜湖市第十一中学城东校区关于做好教育信息化建设工作落实举措》，成立芜湖市第十一中学城东校区智慧学校应用领导小组，学校党总支书记、校长（党总支副书记）担任领导小组的组长，下设后勤保障组、教学应用组、运维管理组三个工作小组，成员为学校各部门相关工作负责人，各部门明确责任分工，统筹规划工作任务。同时设立首席信息官制度，加快智慧技术引进与数据分析整理。并根据省、市智慧教育建设应用文件精神，将教师对优质资源的使用情况、平板授课应用情况、平台活动参与情况等作为教师年度教育教学评估和绩效奖励发放的重要参考，并纳入相应制度，形成奖励机制。

2.硬件保障

在智慧芜湖教育工程项目的推动下，学校在项目初期即得到了芜湖市教育局的大力支持，建设了相应配套基础设施。学校全体教职工和三年级以上非毕业班年级学生每人发放智慧终端（平板）；全部教室（包括功能教室在内）安装超脑、智慧黑板、智慧照明及无线路由器；将原有的部分实验室改装升级为智慧实验创新教室。学校原先已全区域实现无线网络全覆盖，架设近250个监控点，实现校园监控全覆盖并配有数据机房；建有多功能报告厅、电子阅览室、录播教室、网络教室、电子图书馆等设施。完善的设备配置让学校形成了信息化的教学环境，为智慧学校的建设打下了坚实的物质基础。

3.人员保障

为确保智慧学校建设落实过程中有专项人员跟进对接，落实后有专项人员管理指导，芜湖市教育局与科大讯飞公司达成合作协议。在芜湖市教育局的大力支持下，科大讯飞公司安排了有技术、高效率的专业技术人员长期驻扎学校，为全体师生排忧解难，促进学生、教师深度应用产品，促进学校实现智慧教学、因材施教。同时，学校设立首席信息官，全面负责学校信息化的规划与发展，以加快智慧教育技术的引进，与讯飞驻点人员合作，帮助管理人员和一线教师开展教学管理数据的分析与使用，做好各部门之间的数据协调和大数据整理，打破硬件到位、人员孤立的"信息孤岛"状态。

4.技术保障

为了加快让全体领导干部与教师接纳智慧教育，想用、会用、乐用智慧手段，学校先后对全体干部、教师进行线上线下智慧教育培训十余次，重点在"教和学"层面进行了培训和实践，在提高教师应用信息技术进行学情分析、学法指导和学业评价等方面下大功夫。学校先后进行了信息技术2.0专项培训、智慧课堂校本培训、智慧课堂软件使用培训及智慧平台应用深度培训等，让智慧教育在全体教师头脑中形成学、用、思、辨、行螺旋式上升风暴；学校先后组织多次智慧课堂操作考核，从干部到教师，逐一过关，切实让智慧课堂"优化学""升华教"，不断提高教师教学的智能化水平。

三、智慧管理建设

2014年9月，芜湖市教育局与科大讯飞公司联合开发的芜湖智慧教育平台成功上线。芜湖智慧教育平台，是市、区（县）和学校教育教学管理的平台，是教师教学教研和交流的平台，是学生网络在线学习的平台，同时也是家校互动的平台。芜湖智慧教育平台集教育资源公共服务平台、教育管理公共服务平台于一身，为教育管理者、教师、学生的教育教学和学习提供了空间和资源支持。

2022年，智慧芜湖教育工程——"人工智能+教育"因材施教创新示范项目的落地，为智慧教育应用平台的全面整合注入了活力，利用平台多次改版后而提供的应用模块，学校成功实现了校园智能化电子办公，以"简、整、精、特"四字方针推行智慧管理：简，就是简便快捷；整，就是整合统一；精，就是精准细致；特，就是特色鲜明。以教育数字化转型促进学校行政系统高质量高效运转。

1.应用功能简便快捷

利用平台的智慧管理功能，将行政工作及时落实、及时反馈，促进教师从烦琐的事务性工作中解脱出来；利用平台的信息发布功能，教师既可登录网页平台，也可直接通过手机短信接收学校相关通知的提醒；利用平台的周程安排功能，查看学校近期工作布置。教职工通过在手机上安装智慧教育应用平台 App，即可随时随地完成请假、报修、填发问卷、查看工作流程等一系列智慧管理功能，简便快捷，所有审批、传阅等均可通过线上进行。

2.办公系统整合统一

在结合智慧教育应用平台开展教育数字化转型前，学校的各项管理工作采取"传统与电子并举，多平台独立并行"的模式，例如：教职工考勤采取"钉钉"考勤系统，课表安排使用排课软件，学生社团报名采取传统纸质报名方式等。多方式、多平台的办公系统使得底层的师生数据互相独立，无法重复利用，也无形中提高了师生使用的成本。在教育数字化转型过程中，学校将上述行政功能全部整合统一至智慧教育应用平台当中，全体师生仅凭自己的平台账号即可在多个应用项目中随时切换。这让学校底层用户的数据得到高效利用，减少了用户使用成本。

3.数据统计精准细致

相比传统的人工统计、纸质呈现的学校管理教学数据，智慧教育应用平台复合了多项基础数据，通过学校应用实践，将学校日常管理、备课教研、考勤请假、课堂评估督导、学生体质测评、体美劳育进展、教师评价考核等数据接入平台。上述数据统计均为管理教学中获得的真实有效数据，在此基础上形成了可供分析评估的综合数据大平台，助力学校在教育数字化转型过程中由"数据"向"大数据"迁移，初步形成具备学校特色的教师、学生群体画像。

4.个性设置特色鲜明

学校从"净雅教育"的校园文化出发，和芜湖市电教馆及科大讯飞公司合作，开发了芜湖智慧教育平台中的子平台，并很好地使用这些平台。其中，教师发展评价系统，用于教师的职称评选。学校教师根据校级职称评选文件，在智慧平台上上传评选资料，校级各行政部门通过对线上资料的查看、鉴定、审核，列出校内分数排名，经过规范的流程，待教师推选到市级职称评定时，所有材料已经在校级评选中准备完成。因此，在职称评定这方面，学校是公开、透明、规范和顺利的。还有作业等五项管理系统，学生请假在智慧平台上操作，教师对学生进行学业评价也在智慧平台上进行，学生和教师使用智慧平台的便捷度和满意度是非常高的。有了"净雅"智慧管理，学校的管理效率提高了，且管理的方方面面公开、科学、留痕。学校在智慧教育平台上逐一打造彰显学校鲜明特色的个性化智慧学校功能，师生满意度不断提高。

（1）公文流转

公文流转框架由学校自主搭建，书记、校长先批示，分管校长再传阅、分派。各部门协办的公文流转处理模式，免去了传统纸质收发环节，极大地提高了办公的效率，减轻了学校行政的成本。同时，此工作模式也作为工作范式被市教育局在市级层面推广。

（2）智能考勤

在传统考勤机模式下，考勤机安装困难，打卡方式相对固定。针对目前学校一校多址的情况，学校启用智能考勤，实行多范围、多地区线上考勤，利用手机定位、人脸识别功能，实现协同考勤打卡。并对教师值班、晚午托、上学放学等多种情况设置具备学校特色的免考勤规则，落实"净心雅行"的人文追求。

（3）教务考务

学校通过五项管理系统将学生的作业管理等家校工作作为工作重心，

线上公示学生作业并预警作业时长，为家校沟通拓宽了渠道。利用智慧教务系统和智慧考务系统，开展线上排课、线上阅卷等工作，减少了成本，提高了效率。

（4）线上请假

传统的请假方式需要手写假条，班主任签字审批，不仅假条递送手续复杂，也不利于归档整理。针对学生请假数据庞大、条目繁多、整理困难等问题，学校开通学生线上请假功能，家长可以直接通过手机填报，上传佐证材料。对于教职工请假，在请假管理中也彰显"净雅"人文关怀，设置教研外出假、公务假等多项请假条目。

（5）教师发展评价

学校为解决传统纸质教师业务档案和教师评价模式低效、烦琐等问题，依托芜湖智慧教育平台，赋能智慧学校环境下的新型教师发展评价模式，并通过设计、搭建、应用，成功实现"一师一档，一档多评"的"教师档案"+"教师评价"新生态。在学校"净雅教育"办学理念指导下，丰富评价类型，突出评价标准，优化评审方式，彰显教师自评，形成具备学校特色的智慧化管理系统，将教师的档案整理与个人发展迁移到线上，目前已成功实现校级职评、骨干教师、名班主任等多项线上评价功能。该教师发展评价案例获评教育部2024年度智慧教育管理类优秀案例。

四、智慧教学建设

随着智慧芜湖教育工程——"人工智能+教育"因材施教创新示范项目的落实，智慧课堂走进了师生们的视野，学校教育数字化转型再度迈向一个新的台阶。学校坚持目标导向，强化需求牵引，经过不断的探索尝试，将目前的智慧课堂建设归纳为两个时期。

1.初步运用期（2022年8月—2023年1月）

2022年8月，学校在所有三年级以上非毕业班年级正式启动了智慧课堂平板教学，面对突如其来的平板课堂，不少教师、学生、家长都显得手足无措。为让智慧课堂能在学校顺利落地，学校先后组织了数次平板操作技术应用培训，提高全体教师的操作应用水平；出台激励性制度，对智慧课堂应用突出的教师予以表扬；针对技术薄弱的教师，由教研组技术带头教师和科大讯飞公司驻点技术人员双方面提供指导。同时，有家长认为学生持有平板会产生安全隐患，影响视力等，持负面态度。学校对此高度重视，通过发放致家长的一封信、电话回访等方式逐一解释。很快，智慧课堂教学的便利性与高效率就获得了教师、学生、家长的青睐。截至2023年1月，学校智慧课堂教学覆盖率已居全市前列。

2. 智慧应用期（2023年2月至今）

经过一学期的磨合，学校引导教师将智慧课堂教学从"为了用而用"走向"因需而用""智慧地用"，根据应用场景灵活教学。学校先后组织多次校级智慧课堂创新应用现场教学比赛，并邀请专家评委对参赛教师展开点评。安排技术骨干教师开展智慧课堂场景应用深度讲座，从推送作业、智能批改、智能组卷等多方面进行指导。随着学校教育数字化转型的不断深入，智慧课堂数据逐渐积累，学校信息中心正式开始对智慧教育应用大数据展开宏观分析，为教学工作提供指导。

为全面推动学生的智慧个性化学习，学校在初中学段推广"个性化学习手册"，利用大数据分析学生的每一次答题情况，精准分析学生学情，并针对学生的知识薄弱点错题精准推送同类型题库。而在常规教学中，智慧课堂的技术应用也逐渐普及，师生均使用智慧课堂终端（平板）上课。在教学活动中，学生操作均可被智慧终端逐一记录，并最终反馈到教师终端，帮助教师实时了解学生的学习状态，准确把握学情。

学校利用大数据宏观分析功能进行数据追踪，收集全景数据，对师生精准画像，形成可视的数字化图谱，构建全过程的动态评价，帮助师生在分析中客观认识自身，及时反思，调整改进。学校将继续深研智慧课堂技术，探索利用人工智能和大数据等技术精准教学，以便因材施教。

教育数字化转型并不仅仅是教育技术与教育内容的数字化，本质上是思维与行动力的现代信息化，核心是由技术驱动向以人为本转变，最终实现人的全面、自由、个性化发展。芜湖市第十一中学城东校区依托智慧教育应用平台促进学校的日常管理更加高效化、科学化和合理化；借助智慧课堂打造全新教学模式，引发了学习方式、师生关系、教育形态等一系列的变化；利用智慧技术助推学校教育数字化转型，以信息技术赋能育人方式创新变革，从而使学校整体实现高质量发展。

本章结语

在基础教育深化改革与教育数字化转型的双重背景下，学校通过"制度筑基"与"数字赋能"双轮驱动，形成了具有校本特色的现代学校治理模式。

学校管理有章可循是办学的基础保障。建立健全规章制度，明确各部门职责与工作流程，为学校的稳定运行提供了坚实支撑。从教学管理方面，制定科学合理的教学计划、课程标准和教师评价体系，确保教学质量稳步提升；在学生管理上，规范学生行为，建立奖惩机制，营造积极向上的学习氛围。同时，通过制度约束与人文关怀相结合，激发教职工的工作积极性和创造力，形成了良好的团队协作精神。

数字校园优化管理是顺应时代发展的必然选择。随着信息技术的飞速发展，数字化、智能化成为教育领域发展的重要趋势。学校通过搭建数字化管理平台，整合教学、科研、管理等多方面资源，实现了信息的快速传递与高效处理。在教学方面，利用在线教学平台、智能教室等工具，打破了时间和空间的限制，丰富了教学形式和内容，提升了学生的学习兴趣和效果。在管理方面，数字化管理系统实现了对学校各项事务的实时监控和精准决策，提高了管理效率。

通过这两方面的努力，学校管理水平得到了显著提升，办学质量也取得了实质性的进步。学生在更加规范、有序、优质的教育环境中成长，综合素质得到全面发展；教师的教学能力和专业素养不断提高，教学成果丰硕；学校的社会声誉和影响力不断扩大，吸引了更多优秀的学生和教师。

第三章

培养"净雅"教师，树教育家精神

教师是塑造学生灵魂的工程师，培养"净雅"教师，树立理想信念、教育家精神，对于提升教育质量至关重要。"净雅"教师指的是那些具有高尚道德情操、深厚学识素养和仁爱之心的教育工作者。他们以身作则，以德为先，以学为基，以雅为范，致力于营造一个纯净、和谐的教育环境。

芜湖市第十一中学城东校区培养"净雅"教师的主要途径有两个：一是狠抓师德师风建设，通过制定师德师风考核办法，将师德师风外化为教师具体的行为准则；二是探索教师专业化发展道路，培养优秀教师。

第一节　师德师风的建设

师德师风建设是教育事业的灵魂工程，如同灯塔之于航船，为育人实践锚定价值坐标与伦理方向。教师不仅是知识的传递者，更是人格的塑造者——其言行举止皆为"隐性课程"，在举手投足间渗透价值观的启蒙。当教师以仁爱之心呵护成长、以公正之尺丈量教育、以敬畏之心对待职业，便能在师生间构筑起信任的桥梁，让教育回归"一棵树摇动另一棵树"的本真。这种精神品格的建设，既是对教育初心的守护，又是抵御功利化侵蚀的防线；既是教师专业尊严的基石，又是社会文明传承的枢纽。唯有师德清流滋养教育土壤，方能使校园真正成为启迪智慧、润泽生命之处。

学校为贯彻与落实党和政府关于师德师风建设的新要求，探索与制定《芜湖市第十一中学城东校区师德师风考核办法》，提出培养"净雅"教师。

一、党和政府关于师德师风建设的新要求

2014年9月9日，习近平总书记在考察北师大时，提出"四有"好老师标准：有理想信念、有道德情操、有扎实学识、有仁爱之心。

2018年9月10日，习近平总书记在全国教育大会中提出：做老师就要执着于教书育人，有热爱教育的定力、淡泊名利的坚守。

2021年4月19日，习近平总书记在考察清华大学时提出：教师要成为大先生，做学生为学、为事、为人的示范，促进学生成长为全面发展的人。

2023年9月9日，习近平总书记致信给全国优秀教师代表，提出"中

国特有的教育家精神"：教师群体中涌现出一批教育家和优秀教师，他们具有心有大我、至诚报国的理想信念，言为士则、行为世范的道德情操，启智润心、因材施教的育人智慧，勤学笃行、求是创新的躬耕态度，乐教爱生、甘于奉献的仁爱之心，胸怀天下、以文化人的弘道追求，展现了中国特有的教育家精神。

二、"净雅教育"渗透师德师风建设

"净雅教育"明确新时代美丽教师的责任和标准，充分发挥身边最美教师的榜样力量，利用名师分享、道德讲堂等活动提升教师的师德，培养教师的爱岗敬业精神。教师纯净儒雅要靠知识和学养来支撑，需要长期的自觉修炼方可奏效。教师要读万卷书，行万里路，要进行有效的反思，形成自己的教学主张，从而立德、立言、立行，形成内外兼修的独特的人格魅力。"净雅教育"要求每一位教师在学习中明确使命担当，不忘初心，砥砺品格，成为党和人民满意、学生喜欢的有理想信念、有道德情操、有扎实学识、有仁爱之心的"四有"好老师，成为"净雅"教师。

三、制定"净雅"教师的考核办法

学校抓师德师风建设是提升教育质量的内在要求，也是推动家庭、学校、社会和谐发展的重要途径。学校狠抓师德和师风建设，确保教师遵守职业道德规范，爱岗敬业，成为学生的良师益友。学校制定了师德师风考核办法：《芜湖市第十一中学城东校区师德师风考核办法》，参见附录相关内容。

该考核办法分爱国守法、爱岗敬业、关爱学生、教书育人、为人师表、终身学习六大项，各大项下分各小项，总分100分。得分低于60分的，师德师风考核为"不合格"。

另外，该考核办法坚持"一票否决"的原则。有下列情形之一的实行师德师风考核"一票否决"，并确定其师德师风考核"不合格"：

有违背党和国家方针政策言行的；

以非法方式表达诉求，干扰正常教育教学秩序、损害学生利益或毁损学校名誉的；

组织或者参与对学生的有偿补习活动、利用节假日和课余时间组织学生集体补课的；

体罚或变相体罚学生，影响恶劣的；

品行不端，歧视、侮辱学生的；

在工作岗位遇到涉及学生人身安全的紧急情况，未及时采取措施，保护学生人身安全的；

在招生、考试、评估考核、职称评聘、教研科研中弄虚作假、营私舞弊的；

强制学生订购教辅资料或者报刊的；

向学生和家长索要或变相索要财物、收受学生和家长贵重财物的；

擅自停课、缺课或擅离职守的；

其他严重违反师德规范，造成不良影响和后果的。

第二节　教师专业化发展

为深入贯彻党的二十大精神，有效促进我校教师梯队建设，培养教育高层次人才，学校鼓励教师积极开展教育教学改革、参与重大课题研究，落实立德树人的根本任务。根据《芜湖市教育高层次人才项目评审管理办法（试行）》等文件精神，结合校情，学校组织落实校级名师、名班主任、学科带头人、骨干教师的分层培养机制，制定"双名工程"实施方案，通过芜湖智慧教育平台开发校园管理平台申报窗口进行资料的申报，以规范学校名师、名班主任的选拔和管理工作，并给予经费支持。学校制定了相关文件，参见附录。

规范有效的教师梯队建设促进青年教师不断进取、成长、成才，充分发挥了名师、名班主任的示范、引领和辐射作用。

一、打造名师队伍，凸显梯队培养

学校一直重视教师队伍建设，依据省、市相关文件精神，积极探索名师培养路径。截至2025年2月，学校拥有安徽省特级教师1人，安徽省教坛新星3人，芜湖市名校长1人，芜湖市名师2人，芜湖市名师与名班主任工作室4个，芜湖市学科带头人10人，芜湖市骨干教师23人。近年来，学校开展了系列校级名师评比活动，目前，中小学共有校级骨干教师54人，校级学科带头人22人，校级名师2人，校级名班主任4人，后续将启动校级名师项目评选。通过名师梯队培养，引领教师专业发展。在名师培养上不断思考创新，力争培养名师团队，为学校教育的高质量发展注入新鲜血液。参见表3-1所示。

表3-1 学校名师梯队培养（省、市级，部分名单）

序号	姓名	名师梯队	学科
1	车文胜	正高级教师、省特级教师、省教坛新星、市名校长、市名师、市学科带头人、市骨干教师	数学
2	胡仓兵	正高级教师、市名师、市学科带头人、市骨干教师	物理
3	刘君君	省教坛新星、市学科带头人、市骨干教师	语文
4	孙 艳	市骨干教师、市名班主任	语文
5	唐翠华	市学科带头人、市骨干教师	语文
6	陈玉胜	市学科带头人、市骨干教师	数学
7	袁自全	市学科带头人、市骨干教师	历史
8	王 文	市学科带头人、市骨干教师	化学
9	史亚芳	省教坛新星	语文
10	汪国柱	市骨干教师	思品
11	杨 康	市骨干教师	音乐
12	范永贵	市骨干教师	数学
13	王慧慧	市骨干教师	英语
14	汪 瑞	市骨干教师	语文
15	郭海贝	市骨干教师	美术
16	王 娇	市骨干教师	数学
17	汪东生	市教坛新星	数学

二、重视课题研究，加强项目管理

在全体师生的共同努力下，学校学生学习兴趣浓，教师教科研热情高，取得骄人成绩。2023年度学校新增3项省级课题、1项市级课题；结题3项市级课题，成果鉴定均获得优秀等级，结题1项省级课题，成果鉴定获得良好等级。2024年度学校获批4个省级教研基地，1项市级校本课程项目；新申报省、市级课题6项，吸引了一批优秀教师参与课题（项目）研究工作，加强了学科间的教研交流，促进了教师专业发展，打造了学校"净雅"教研品牌。参见表3-2所示。

表3-2 学校近年课题统计（包括在研）

序号	级别/类型	课题名称	主持人	研究状态/成果鉴定
1	安徽省教研基地校项目	安徽省义务教育学校课程实施质量评价研究	车文胜	在研
2	安徽省教研基地校项目	安徽省中小学生普通话测试水平成果培育	车文胜	在研
3	安徽省教研基地校项目	安徽省优秀传统艺术在中小学校传承的实践研究	王 文	在研
4	安徽省教研基地校项目	STEAM教育理念下中小学学生科学素养培养研究	胡仓兵	在研
5	安徽省教育科学研究课题	"有理想、有本领、有担当"时代新人九年贯通式培养的实践研究（项目编号：JKZ23004）	车文胜汪国柱	在研
6	安徽省教育科学研究课题	STEM视角下初中物理单元教学实践研究（课题编号：JK21142）	胡仓兵钟传波	结题/良好
7	芜湖市市直属学校校本课程项目	STEAM教育理念下物理跨学科校本课程的开发和实施	胡仓兵	在研
8	芜湖市教育科学研究课题	基于语篇分析理论的初中英语阅读教学研究（课题编号：JK23-040）	李 希刘亚琴	在研
9	芜湖市教育科学研究课题	新时代校本教研支撑学校高质量发展的策略研究	陈配友唐翠华	在研
10	芜湖市教育科学研究课题	"双减"之下，指向儿童实践创新能力的绘本阅读策略研究（课题编号：JK22009）	刘君君袁 芳	在研
11	芜湖市教育科学研究课题	基于"再创造"理论的纸片类数学实验教学实践研究	汪钰雯张 汶	在研
12	芜湖市教育科学研究课题	"双减"背景下促进核心素养发展的数学实验教学实践与研究	王 娇	在研
13	芜湖市教育科学研究课题	初中物理STEM-PBL教学案例研究（课题编号：JK21070）	胡仓兵孙婷婷	结题/优秀

序号	级别/类型	课题名称	主持人	研究状态/成果鉴定
14	芜湖市"十四五"陶研课题	城市小学生劳动教育实践形式探索（课题编号：WTK2019008）	陈配友孙 艳	结题/优秀
15	芜湖市教育科学研究课题	数学文化浸润小学数学教学的路径研究（课题编号：JK21017）	车文胜陈玉胜	结题/优秀

三、净雅桃李芬芳，教研硕果累累

2023—2024年度，学校教师专业成长成绩喜人，其中晋升正高级教师1人、高级教师5人、中级教师18人。教师出版专著1部，发表专业论文10余篇；教师教学比赛获得国家奖2项、省奖11项、市奖82项。学生比赛获得国家奖9项、省奖47项、市奖213项。本年度学校先后获评"中陶会实验学校""芜湖市优秀教研组""芜湖市实验说课优秀组织奖""芜湖市创新实验优秀组织奖""芜湖市气象优秀组织奖""第二届芜湖市科普创新优秀组织单位奖"等。在2023年基础教育精品课遴选中，陶梦云老师的作品再次荣获部级精品课殊荣。2024年，李月老师获得第十三届长三角地区中小学班主任基本功大赛综合一等奖第一名，再次彰显了"净雅教育"的办学特色和成果。

以2023—2024学年第二学期为例，获奖统计如下：

1. 学校荣誉

2024年4月，在第二届芜湖市青年科普创新实验暨作品大赛"未来太空车"比赛中，学校荣获"优秀组织单位奖"。

2024年6月，在表彰市直教育系统优秀共产党员、优秀党务工作者和先进基层党组织活动中，学校党总支被授予"先进基层党组织"称号。

2024年6月，在2024年芜湖市中小学实验教学说课大赛中，学校获"优秀组织奖"。

2.优质课类

2024年3月,在2023年安徽省初中心理健康优质课评比中,王锡梅、陈畅(指导教师:孙艳)获省级一等奖。

2024年3月,在2023年教育部"基础教育精品课"遴选中,陶梦云的课例入选国家级精品课。

2024年3月,在2023年度芜湖市中学智慧课堂创新应用现场教学比赛中,李希获市级一等奖(指导教师:刘亚琴、葛成云)、刘娟获市级三等奖。

2024年5月,在2024年芜湖市义务教育阶段优质课评选中,高鹏获市级一等奖;汪正辉、杨孝茹、朱正凤获市级二等奖;李洁(刘君君获辅导教师奖)、贾志清、汤婷、郭婷婷获市级三等奖。

2024年6月,在2024年芜湖市中小学实验教学说课大赛中,陆再强、陶梦云获市级一等奖,被推荐参加省级说课比赛;唐学敏获市级一等奖;郭美玲、余琼获市级二等奖。

2024年7月,唐学敏获芜湖市少先队辅导员技能大赛一等奖。

3.论文、教学设计类

2024年1月,在2023年度芜湖市优秀少先队"教研论文""活动课教案"、学校共青团工作"研究论文""活动方案"评选中,少先队"教研论文"获奖的有:方园,市级一等奖;李月、李希,市级二等奖。少先队"活动课教案"获奖的有:李月,市级一等奖;唐学敏,市级三等奖。学校共青团工作"活动方案"获奖的有:汪洋,市级二等奖;汪徐香,市级三等奖。

2024年3月,刘金金的省级课题"徽州优秀育人文化融入少先队文化建设"立项。

2024年3月,在2023年安徽省中小学教育教学论文评选中,王文、郭海贝获省级二等奖;胡仓兵获省级三等奖。

2024年4月,在2024年全市中小学毒品预防教育课件大赛中,黄春林获市级优秀奖。

2024年6月，在2024年芜湖市中小学教育教学论文暨思政课大中小学一体化建设专题论文评选中，心理健康教育学科：王锡梅获市级三等奖；少先队活动：刘娟获市级一等奖、李月获市级二等奖；英语学科：马亭玉获市级二等奖；音乐学科刘小花获市级二等奖、杨孝茹获市级三等奖；劳动学科：孙艳获市级一等奖、朱飞玲获市级三等奖；语文学科：张翠获市级二等奖、马慧获市级三等奖；数学学科：王娇、郭美玲获市级二等奖、陈绪梅获市级三等奖；道德与法治学科：万婷、李玲获市级三等奖；体育与健康学科：汪洋获市级三等奖；信息科技学科：章婷获市级二等奖；思政一体化建设：蒋蕴获市级一等奖、喻冰倩获市级三等奖。

2024年6月，刘君君、汪正辉辅导刘娟、方园设计的少先队案例在2023—2024学年度芜湖市义务教育阶段思政课校本教研中获市级推广案例。

4. 其他

2024年5月，在2024年芜湖市心理健康教育先进个人评选中，王锡梅获"2024年芜湖市心理健康教育先进个人"称号。

2024年6月，在芜湖市"两优一先"优秀共产党员评选中，吴丫丫被授予"优秀共产党员"荣誉称号，刘亚琴被授予"优秀党务工作者"荣誉称号。

2024年6月，黄荣被授予芜湖市"市级优秀共产党员"称号。

2024年6月，在2024年芜湖市智慧教育优秀案例评选中，葛成云、黄荣、刘娟获市级一等奖。

2024年6月，在芜湖市"双年展"活动中，洪璠的作品入展。

本章结语

在新时代背景下，培养"净雅"教师队伍、弘扬教育家精神，既是落实党和国家教育方针的重要抓手，又是深化教育改革、实现教育高质量发展的必然要求。学校围绕师德师风建设与教师专业化发展两大核心，以国家最新政策为导向，结合"净雅教育"理念，系统构建了新时代教师队伍建设路径。

以德铸魂，厚植教育家的精神根基。紧扣《深化新时代教育评价改革总体方案》中"坚持把师德师风作为第一标准"的要求，贯彻"三位一体"策略：一方面对标《新时代中小学教师职业行为十项准则》，将"四有"好教师、"四个引路人"标准融入师德建设体系；另一方面创新提出"净雅教育"师德浸润模式，明确新时代最美教师的责任和标准，充分发挥身边最美教师的榜样力量，利用名师分享、道德讲堂等活动提升教师师德，培养教师的爱岗敬业精神。同时构建了以师德考核"一票否决"制为核心的动态评价机制，通过量化指标与质性评价相结合的方式，推动师德建设从抽象要求转化为具体实践。

以能强基，锻造教育家的专业素养。在教师专业发展领域，立足《中国教育现代化 2035》提出的"建设高素质专业化创新型教师队伍"目标，构建了"金字塔式"培养体系：学校组织落实校级名师、名班主任、学科带头人、骨干教师分层培养机制，制定"双名工程"培养项目实施方案，落实《教师教育振兴行动计划》中分层分类培养要求；以课题研究为抓手推动教研深度融合；生动诠释"教育家精神"中潜心育人、追求卓越的时代内涵。

第四章

创设"净雅"课程，提升育人品质

　　课程在教育体系中占据核心地位，它是实现教育目标、传授知识、培养能力和塑造学生价值观的主要途径。课程设计的质量直接关系到教育的效果和学生的发展。"净雅"课程的创设，首先要求我们深刻理解教育的本质，即育人为本。在新课程理念的指导下，我们强调课程内容的综合性和实践性，将道德教育、知识教育和能力培养有机结合，以培养学生的全面素质。

　　芜湖市第十一中学城东校区在充分研究新课程理念下，开创"以生为本，发展个性"的"1+1+X"课程模式，以国家课程为基础，同时开展丰富的校本课程，以促进学生全面发展。

第一节 新课程理念解读

2022年4月,教育部颁布《义务教育课程方案(2022年版)》以及义务教育各学习领域16门课程标准(2022年版),于2022年9月在全国范围内实施。本次义务教育课程改革的核心理念,可以概括为五大方面:基于未来教育观的课程理念、基于核心素养观的课程目标、基于理解性教学观的课程内容、基于跨学科学习观的课程组织、基于表现性评价观的课程评价。这五大理念,在教育部文件中被概括为素养导向、综合育人、实践育人。它一方面体现了信息时代对人创造性的要求,另一方面体现了义务教育阶段6—15岁孩子身心发展变化的特征。

新课程五大理念方面解读如下:

一、未来教育观

未来教育观的核心是,教育要培养的人不是简单怀旧,不是回到过去,而是要能够创造未来,能创造新世界。如果我们的孩子只是维持现状或留恋过去,只能被时代所淘汰。"未来教育观"即主张教育面向未来急剧变化和高度不确定的情境,培养学生适应变化并拥抱"不确定性"的态度、善于解决真实情境中复杂问题的高级能力、勇于承担个人选择产生的后果并履行社会义务的意识。

二、核心素养观

核心素养观,即让课程目标始终聚焦于培养学生在真实情境中解决复杂问题的能力,也就是培养学生可普遍迁移的正确价值观、必备品格和关键能力。

三、理解性教学观

理解性教学观，即认为知识的本质是理解或问题解决，教学即选择"少而重要"的学科"大观念"，创设真实情境，让学生以小组合作的方式运用学科"大观念"解决真实问题，经历真实实践，产生个人理解。为理解而教，为理解而学，为理解而去设计课程。

四、跨学科学习观

《义务教育课程方案（2022年版）》明确提出了跨学科学习，因为学科核心素养具备跨学科性，也渗透着跨学科性。

跨学科学习观，即认为学科是从社会生活（主要包括日常生活和职业生活）中逐步分化出来的，学科与社会生活和自然世界存在内在联系；学科与儿童的心理经验存在内在联系，二者属于同一个实在；不同学科之间的边界是可渗透的，可以根据学生的认知特点和发展需要进行不同程度的融合；跨学科学习既是发展学生的批判意识和自由人格的要求，又是培养学生的核心素养的条件。

五、表现性评价观

表现性评价观，即认为虽然人的核心素养与外部行为表现存在本质区别，但二者存在内在联系。

核心素养是行为表现的依据与引领，行为表现是核心素养的"出口"与发展途径；核心素养只能通过植根于情境的"表现性任务"而评价，标准化测验则鞭长莫及；学生完成"表现性任务"的过程既是评价过程，又是教学与学习过程，学生通过在日常学习过程中持续表现核心素养而发展核心素养。

第二节 "1+1+X"课程模式

课程是学校高质量发展的标志之一，是学校核心竞争力的重要体现。学校课程的规划是一个学校提升办学内涵、彰显办学特色的关键环节，也是教师参与课程改革、提升办学水平的平台。

新课程标准所倡导的核心素养观与跨学科学习观，标志着我国基础教育正经历从"知识本位"向"素养本位"的范式转型。核心素养作为个体适应终身发展与社会变革的关键能力，其本质具有鲜明的跨界整合特征——批判性思维穿越学科疆界，实践创新融合多领域智慧，社会责任更需在真实情境中淬炼。学校以"净雅"课程的理念打造"以生为本，发展个性"的课程体系，正是回应时代命题：纵向贯通"基础型—拓展型—研究型"课程链，横向编织"人文底蕴、科学精神、健康生活"素养网，深度打造"学科内融合、跨学科统整、超学科创生"的学习场域。

为了落实"净雅"课程的理念，学校积极构建"以生为本，发展个性"的课程体系，学校采用"1+1+X"模式推进构建"两个稳定、一个开放"的管理机制。"两个稳定"，一是严格执行国家课程，二是特色课程进课表；"一个开放"，指可供学生自行选择的校本课程。学校在开齐开足国家课程的基础上，设置了丰富的校本课程，形成了促进学生全面发展的"净心""雅行"课程文化。

一、"1"：开齐开足国家课程

芜湖市第十一中学城东校区以习近平新时代中国特色社会主义思想为指导，认真贯彻党的教育方针，全面落实有理想、有本领、有担当的时代新人培养要求，严格按照《义务教育课程方案（2022年版）》设置课程。

中小学校开设的国家课程主要包括道德与法治、语文、数学、英语、科学、历史、地理、物理、化学、生物、信息技术、体育与健康、艺术等学科，旨在促使学生的德智体美劳全面发展。这些课程的设置和实施，不仅遵循国家教育教学的规律和学生成长的规律，还强调了社会主义核心价值观的培养和践行。

下面具体介绍各课程的相关内容：

1.道德与法治课程

学校有专职道德与法治教师10人，兼职道德与法治教师50余人，在1—9年级均开设了"道德与法治"课程。课程旨在通过系统学习法律知识和社会主义道德规范，强化学生对正确价值观的认同和践行，涵盖个人品德、公民道德、家庭伦理以及基本法律常识，注重理论与实践相结合，通过案例分析和实践活动，让学生深入理解与应用所学知识。

2.语文课程

学校有专职语文教师121人，市级语文学科带头人2人、市级语文骨干教师5人，刘君君、方园等教师近年来获芜湖市小学语文优质课评比一等奖。语文学科强调学生听、说、读、写能力的全面提升，提高学生的语言运用能力。通过学习古今中外的经典文学作品，培养学生的文学鉴赏力和批评力，激发学生的创作兴趣和潜能。

3.数学课程

学校数学师资较强，有数学特级教师1人、市级数学名师工作室1个、市级数学骨干教师2人。学校的数学教学强调数学知识与现实生活的联系，通过解决日常生活中的数学问题，增强学生的实用技能和创新能力。近年来，学校通过举办数学特色活动——芜湖市第十一中学城东校区数学文化节，让学生浸润数学文化，培养学生"会用数学的眼光观察现实世界、会用数学的思维思考现实世界、会用数学的语言表达现实世界"的核心素养。数学节活动丰富多样、形式活泼，深受学生喜欢。数学节既为学生们搭建了展示数学素养的平台，又拓宽了数学文化浸润的路径，全方位、深层次传播了数学知识、浸润了数学文化，有助于让学生形成良好的思维品质，进一步感悟数学文化的价值。

4.英语课程

注重听、说、读、写四项基本技能的训练，提升学生的英语交际能力。引入外国的文化背景知识，增强学生的跨文化交际能力，拓宽其国际视野。每年学校都举办国际文化节，让孩子们在英语学习中唱英文歌曲、说英语故事、弹世界名曲、演英文经典，感受世界文化的博大精深。

5.科学课程

学校有专职科学教师5人，1—6年级均开设了科学课程，鼓励学生通过观察、实验等方式探索自然界的奥秘，培养学生的科学思维和探究能力。内容涵盖物质科学、生命科学、地球科学和天文科学四大领域，通过主题学习使学生了解科学的各个方面。

6.历史课程

通过对国内外历史事件和人物的学习，帮助学生形成正确的历史观，培养学生的历史分析能力和批判性思维，通过对历史事件的多角度解读，提高学生的综合素养。

7.地理课程

学习地球的自然环境、资源分布和自然现象，帮助学生认识和理解人类赖以生存的地理环境。探讨人口、城市、经济等方面的知识，使学生了解人类社会的发展和地理环境的关系。

8.物理课程

学习力学、热学、电磁学等物理学的基本原理，为学生今后的学习打下坚实的物理基础。通过实验操作和观察，培养学生的实验设计和动手能力，加深学生对物理原理的理解和应用。

9.化学课程

学习元素、化合物、化学反应等基本化学知识，掌握化学变化的基本规律。通过做实验培养学生的观察能力和科学探究精神，提高学生解决实际化学问题的能力。

10.生物课程

学习植物、动物、人体等生物体的结构和功能，了解生命的多样性和生物进化论。探讨生态系统和环境保护的重要性，培养学生的生态保护意识和责任感。

11.信息技术课程

学习计算机基本操作、网络应用和信息安全等知识，提高学生的信息技术应用能力。通过学习编程语言和算法，培养学生的计算思维和问题解决能力。

12.体育与健康课程

通过各种体育活动如田径、球类运动等，提高学生的身体素质和协调性。教育学生养成良好的生活习惯和健康意识，如营养均衡的饮食、适量运动等。

13.艺术课程

通过学习音乐、美术、舞蹈等艺术，培养学生的艺术鉴赏力和创造力。鼓励学生进行艺术创作和表演，发展特长，提升综合素质。

综上所述，通过对这些课程的系统学习和实践，学生不仅能够掌握扎实的知识和技能，还能培养良好的道德品质和健全的人格，为未来的成长和发展打下坚实的基础

开齐开足国家课程对学生的全面发展和未来社会的进步具有重要意义。它不仅是实施素质教育的基础，也是培养创新人才的重要途径，对

于保障教育公平、提升教育质量、促进学生个性发展、增强国民素质、推动教育改革、促进社会和谐、培养全球竞争力、传承文化价值、响应时代需求以及促进终身学习等方面都具有深远的意义，是实现教育现代化和建设教育强国的重要措施。

二、"1"：特色校本课程进课表

学校在开足开齐国家课程的同时，将国际象棋、围棋课，外教口语课，心理健康课，纳入课表，旨在开发学生智力、彰显外国语学校特色，培养心理健康、积极向上的优秀"净雅"学子。

1.国际象棋、围棋课

国际象棋，国际通行棋种，是一种古老的二人对弈智力游戏。英语为"chess"（即象棋），汉语为区别于"中国象棋"而冠以"国际"二字，起源于亚洲，后由阿拉伯人传入欧洲，成为国际通行的智力竞技运动，曾被列为奥林匹克运动会正式比赛项目。国际象棋对抗性强，变化多，趣味浓，既有竞技性，又有科学性与艺术性，曾是中世纪欧洲的"骑士七技"之一，被誉为"思维的体操""智慧的试金石"，国际象棋比赛被称为"最美妙和最理性的竞赛"与"绅士运动"。

围棋是世界上古老的棋类游戏，是具有高度文化色彩的智力竞技项目，是中华民族发明的智力博弈活动。围棋在古代称为"弈"，距今有4000多年的历史，可以说是棋类之鼻祖。南北朝时经朝鲜半岛传入日本，流传到欧美各国。围棋棋理博大精深，蕴含着中华文化的丰富内涵，被列为"琴棋书画"四大文化之一，是中国文化与文明的体现。

学习国际象棋和围棋，有利于促进学生全面发展，有助于提升学生的批判性思维和解决问题的能力。通过棋局的变化，学生学会如何分析情况、预测对手行为并制定相应的策略。下棋需要记忆大量的棋子移动规则、布局以及棋局变化，这有助于锻炼学生的记忆力。随着对弈经验的增加，学生能够记住更多的棋谱和战术，从而提高大脑的记忆容量。

在棋局对弈中，学生必须集中精力观察棋盘，分析局势，这有助于提高学生的专注力。在对弈过程中，玩家可以发挥创造力，设计自己的开局和战术。这种对创造性思维的训练可以转移到学习其他学科和日常生活中，激发学生的创新精神。同时，下棋能增强学生的决策能力，提供学习机会，促进其多元智能发展，拓展其视野，促进其身心健康。因此，棋类课程对于中小学生的全面发展具有重要的意义。

芜湖市第十一中学城东校区自2017年将国际象棋、围棋引入小学一、二年级体育课课堂，每周在每班开设一节棋类课，每年举行一届棋类比赛。

2.外教口语课

芜湖市第十一中学城东校区自2015年开始在各年级开设外教口语课，来自英语系的教师与学生进行口语交流，目前学校有外籍教师4人。

外教口语课的开设能够为学生提供一个沉浸式的语言学习环境，通过与母语为英语的外教进行直接交流，学生能够在真实的语境中练习和提高英语口语能力。

外教口语课为学生提供了与英语外教互动的机会，使他们能够将课堂上学到的语言知识在实际对话中加以应用，从而加深理解和记忆。通过模仿外教的标准发音和语调，学生可以纠正自己的发音，提高语音的自然度和流畅性，使口语标准。与外教的交流要求学生能够理解不同口音和语速的英语，这有助于提高他们的听力水平，为将来与外国人的实际交流打下基础。外教口语课对于提高学生的英语口语能力、增进跨文化理解、提升国际竞争力等方面都具有重要的意义，是现代英语教育不可或缺的一部分。

外教口语课通常设计有各种日常生活场景的模拟对话，帮助学生学会如何在不同情境下进行恰当的表达和沟通。培养跨文化意识：与来自不同文化背景的外教交流，能够增进学生对其他文化的了解和尊重，培养其国际视野和跨文化交流能力。外教往往带来不同的教学风格和活动设计,能够激发学生的学习热情,使英语学习变得更加生动有趣。

外教能够根据每个学生的具体情况,提供个性化的指导和反馈,帮助他们在口语表达上取得更大的进步。通过与外教的成功交流,学生可以获得成就感,增强用英语进行口头表达的自信心。孩子们非常喜欢外教老师,在课间的走廊里,经常可以看到孩子们和外教老师用流利纯正的英语对话。学校还举办了国际文化节,邀请外教老师一起参加,共享欢乐时刻。

3.心理健康课

2016年学校就已开设心理健康课,为学生订购教材。课程从学习心理、人际交往、社会适应、情绪调控等方面普及心理健康知识,注重对学生心理品质的全面培养。

学校于2021年12月成立了校级心理健康教研室,以教研室为依托,积极开展教科研活动,在活动中提升了心理教师的专业素养,促进了教师的专业成长。近年学校心理教师在省市级论文比赛、微课比赛、"一师一优课"评选、优质课评选中均取得优异成绩。

学校心理健康教育是以预防为主,所以学校心育工作的重点是开展丰富的活动促进学生的健康成长。每年五月的心理健康活动月,我们会依据学生的年龄特征设计一系列学生活动,旨在增强学生的心理健康意识、提供心理支持与辅导、普及心理健康知识、预防心理问题的发生、培养学生的积极心态、促进校园文化的多样性、增强学生的社交能力以及促进家校合作,为学生的全面发展提供有力保障。

三、"X":可供选择的校本课程

1.起步摸索阶段(2015—2018年"快乐周五")——优化课程设置,实施活动类课程

为了丰富学生学习生活,推进校园文化建设,增强学生的综合素质,提高学生审美能力,坚持"办学有创新,教学有特色,学生有特长"的

指导思想，立足"多彩课程，快乐成长"的理念，为优化课程结构和内容，学校决定从2015年3月起实施活动类课程，活动课坚持远离基础学科、培养学生兴趣爱好为原则，根据学校现有师资和特色课程追求，设置长笛、钢琴等20门课程。参见表4-1所示。

表4-1　活动类课程一览

序号	课程门类	建议年级	序号	课程门类	建议年级
1	长笛班	1—2	11	象棋班	1—6
2	钢琴班	1—6	12	声乐班	1—6
3	古筝班	1—6	13	小主持人班	1—6
4	萨克斯班	4—6	14	硬笔书法班	1—6
5	卡通画班	3—6	15	软笔书法班	1—6
6	素描班	3—6	16	儿童画	1—2
7	乐高微积木班	1—2	17	足球	4—5
8	拉丁舞班	3—6	18	竖笛	4—6
9	中国舞班	1—2	19	快乐英语	3—4
10	武术班	1—2	20	思维体操	4—6

活动时间：周五下午2：50至3：50。

活动地点：教室（包括各功能教室在内）。

编班原则：学生自主申报，学校统筹，每生申报两项，最后确定一项。

辅导教师：校内专业教师及外聘专业教师，免费提供教学。

2.雏形初现阶段（2018—2020年特色活动课程）

特色活动课程开发与实施，给学校的特色发展、教师的专业发展、学生的个性发展提供了新的舞台。学校坚持以一切为了学生的发展为本，以发展学生的个性为目标，以让课程适应和促进学生的发展为原则，充分利用学校现有的教育教学特色以及资源优势，认真做好综合实践活动课程开发与研究，带动学校师资队伍建设，课程开发、管理、评价，教学资源开发等方面的发展。

（1）初步形成具有学校特色的综合实践活动课程体系

努力做到特色综合实践活动课程的开发科学化、开设制度化、实施规范化，初步形成具有学校特色的综合实践活动课程体系，优化学校的课程结构，使综合实践活动课程建设成为学校教育教学质量提高的新的增长点，形成与综合实践活动课程的开发实施相适应的组织管理体系。充分挖掘现有的课程资源，开发一批高质量的综合实践活动课程，加强综合实践活动课程与地方课程、校本课程之间的关系研究，促进课程综合化、信息化发展。

（2）为学生的个性发展提供新的平台

通过综合实践活动课程的开发和实施，增强课程结构的均衡性、综合性、选择性，增强课程对学生发展的适应性，促进学生学习方式的不断改善，发展学生的兴趣爱好，促进学生特长的培养。尤其要注重：

①引导学生对事物充满好奇心，激发其强烈的兴趣和求知欲。

②引导学生对学习过程具有强烈的批判精神，善于发现问题，勇于质疑。

③引导学生发展丰富的想象力、鲜活的直觉判断力、活跃的思维发散力。

④引导学生发展顽强的学习意志力，增强耐挫力，提高心理调节能力。

⑤引导学生学会分享成功与合作，培养尊重他人、崇尚科学、追求真理、克服困难、积极进取的意志品质。

⑥引导学生关注人与环境和社会的和谐发展，增强社会责任感和使命感。

（3）为教师的专业成长提供新的载体

通过综合实践活动课程开发实施的研究与实践，努力使全体教师全面把握课程改革的精神实质；通过鼓励优秀教师参与综合实践活动课程的开发与实施，建设一支进行综合实践活动课程开发与实施的积极分子和骨干队伍，促进教师队伍课程建设总体水平的不断提高。

①促进教师转变观念，转换角色。要求教师不仅要成为课程高水平的实施者，而且要努力成为课程的建设者、研究者、开发者。

②促进教师转变教学方式，实现教学方式由注重结论的"传承式、灌输式"转变为注重过程的"探究式、互动式"。

③促进教师提高教学能力。引导教师不断反思和改进教学，研究、创造、发展、丰富教学方法，逐步形成具有个性的教学风格。

④促进教师提高科研能力。引导教师钻研教育理论，培养探究意识，积累课程资源，挖掘自身潜能，提升科研水平，提高创新能力，促进专业能力的持续发展。

努力抢抓课程改革契机，加大综合实践活动课程开发与实施的力度，促进学校办学质量的不断提高和办学层次的不断提升，使学校的办学特色更加鲜明，示范辐射作用更为突出。

（4）开发内容

①课程结构：

按课程开设的培养目标分为人文素养类、科学素养类、生活技能类、身心素养类、艺术修养类、信息技术类、学科竞赛类七大类。

a.人文素养类：通过对人文文化的学习，提升学生的人文文化品质，教学生如何做人，培养学生与人合作和进行交流的能力。

b.科学素养类：通过各种科技自然活动，教会学生进行科学思考，培养学生分析问题和解决问题的能力，培养学生热爱科学、勇于探索、敢于创新的科学精神。

c.生活技能类：通过对生活知识的学习，让学生掌握一定的生活技能，提高学生生活的质量。

d.身心素质类：通过体育项目和心理健康辅导，促进学生身体素质和心理素质的提高。

e.艺术修养类：通过艺术活动，陶冶学生情操，提高学生的艺术修养，培养学生发现美、欣赏美、表现美、创造美的能力。

f.信息技术类：通过学习电脑操作知识，培养学生收集和处理信息的能力，以及综合学习、研究性学习的能力。

g.学科竞赛类：以学科竞赛来培养学生的进取创新精神和科学探索精神。

②选课方法：

学生选课分以下几步走：

a.向学生宣传实施校本课程的意义，激发学生参与校本课程学习的积极性。

b.向学生公布校本课程开设科目、指导教师及课程说明等，让学生自由、自主选择课程。

c.先按正常教学班统计学生选课情况，再根据学生第一、第二志愿，学校调整各校本课程科目学习人数，原则上组班不超过50人，低于10人不开班。

d.视学生选课情况及场地限制，按校本课程课时计划表，有目的、有计划地实施校本课程。

③课程管理：

校本课程由学校统筹，教师自主实施，学校监督检查，教师总结反馈。

a.学校通过问卷调查等形式，了解各门课程的选课人数等，以便规划实施校本课程。

b.学校对已开发的校本课程统一制订课时计划，对任课教师、教学场地等进行规划与设计。

c.任课教师认真备好每一节课，教务处随机听课，随时测评。

d.教师应按学校整体教学计划的要求，达到规定的课时与教学目标。

e.任课教师根据课时计划，自己组织学生、联系场地、准备器材等，实施课程。

f.教师应保存学生的作品及学生在活动、竞赛中取得的成绩等资料。

g.任课教师对学生学习情况进行总结评价，并对自己的教学进行总结与反馈，以利于今后的校本课程教学。

h. 每学期召开一次校本课程研讨会，展示优秀教师的成功经验、学生的学习成果，解决存在的问题，及时总结校本课程的实施情况。

④教材建设：

教师可从以下四个渠道挖掘教材资源：自编教材；选编教材；选用优秀教材；拓宽现有教材。

3. 平稳发展阶段（2020—2022年"悦成长"课程）

学校认真贯彻《教育部关于印发义务教育课程方案和课程标准（2022年版）的通知》和《芜湖市落实"双减"义务教育阶段学生"悦成长"系列工作指导意见》等文件精神，通过举办各种各样的学生活动，丰富学生校园生活；通过开展社团活动，培养学生兴趣特长。学校坚持"五育并举"，通过整合校内外教学资源以满足学生多样化的课程需求，学校还结合自身特点，采取多种方法和途径，开设了多项"悦成长"课程，并充分发挥信息技术的优势，线上线下同步开设，促进了学生全面、健康成长。学校成立了"悦成长"课程实施工作领导小组，校长担任组长，各教研组组长、学科骨干教师全部参加，充分发挥一线教师的积极性、主动性和创造性。领导小组定期召开会议推进课程建设和提升工作，学校形成了开发、建设"悦成长"素质课程的浓厚氛围。

4. 提升成熟阶段（2023年至今的"净雅"课程）

为深入学习贯彻习近平总书记的重要指示批示精神，全面贯彻党的教育方针，认真落实中共中央办公厅、国务院办公厅《关于进一步减轻义务教育阶段学生作业负担和校外培训负担的意见》和教育部办公厅《关于加强义务教育学校作业管理的通知》等文件精神，充分发挥教育主阵地作用，实现"减负"与"提质"协调发展，丰富课后服务内容，确保课后服务质量，促进中小学生健康成长，努力办好人民满意的教育，推动教育高质量发展，结合学校实际，特开设义务教育阶段学生"净心雅行"系列课程。净心课程体系包括启智课程、润心课程；雅行课程体系包括雅韵课程、力行课程。"净心"类、"雅行"类课程相互润泽，赋能"五育并举"(见图4-1)。

图4-1 "净雅"课程设计框架

（1）启智课程

学校开发的启智课程主要通过数理科技类个性化教学，开发学生智力，激发学生的好奇心和探索欲，培养学生的独立思考能力和创新思维，提升学生的实际动手能力和跨学科学习能力，全面培养学生的科学素养和创新能力。启智课程涉及机器人社团、畅游科学社、奇思妙想STEM科学社团、趣味编程社团、数学实验社团、python社团、STEM-PBL创新实验社团、智汇科创社（参见附录相关内容）等。

学校每年都举办科技艺术节，科幻画、A4纸叠高、降落伞制作、纸飞机留空等科技项目的比赛，激发了学生对科学探究的兴趣，又培养了他们的动手动脑能力。近5年，学校每年都有50项以上科创项目在各级科技类比赛中获奖。学校将继续致力创新人才早期培养，促进学生"五育并举"。年少有为，科创筑梦，为上榜者点赞，期待更多学子在科技创新道路上不断前行。

（2）润心课程

润心课程不仅仅是知识的传授，更是对价值观和道德观的塑造，旨在帮助学生理解人生的意义和价值，树立正确的世界观、人生观和价值观，提高学生的人际交往能力和社会责任感，促进学生的全面发展，同时预防学生心理问题的产生，提高学生的心理素质，使学生能够更好地融入社会。润心课程涉及道德与法治、心理健康课、国旗下讲话、校园广播台、团委活动、少先队活动等内容。

学校每学年由校政教处指导，大队部牵头开展班队会和少先队活动优质课比赛。比赛分两轮进行，第一轮由每位老师提交班队会和少先队活动课教学设计，获得优胜的老师进入第二轮现场展示课阶段，最后获得优胜的老师作为芜湖市少先队活动优质课比赛参赛人选。这样的比赛不仅提升了日常班队会和少先队活动课的课堂教学质量，也让更多新教师学会了如何上好此类课。学校连续两届获得芜湖市少先队辅导员技能大赛一等奖和少先队活动优质课二等奖。

学校每周一举行升旗仪式和国旗下讲话活动。每学期初，校大队部会根据不同节假日和主题教育时间节点制定国旗下讲话安排表，由优秀学生代表介绍每个班轮换的升旗手和国旗下讲话的演讲人，演讲人有学生代表、教师代表、班主任代表和行政代表，旨在通过国旗下讲话培养学生的爱国情感和责任感，增强学生的参与感和归属感，培养学生的集体意识和团队精神，传递正能量和正确的价值观。

学校成立了"净雅之声"校园广播台。每学年初校大队部会在全校征集优秀朗诵作品并选拔校广播员。"净雅之声"广播台会在周一、周三、周五的中午一点四十五分准时开播。广播员播音的内容须结合每周国旗下讲话、班队会等专题教育，由学生亲自撰写、老师修改后方能定稿。如今，每周一、三、五的广播时间已经成为学生们期待的美好时光。

学校团委、大队部每学期都会开展主题教育，秋季学期主要开展安全卫生、爱国主义、心理健康、科技创新等主题系列活动，春季主要开展学雷锋、爱劳动、清明祭扫等系列活动。上学期结合"九一八"纪念日、"十·一"国庆日、"10·13"建队日、国家公祭日等重大日子开展爱国主义教育，下学期结合学雷锋月开展学雷锋系列活动、植树活动等。学校团委、少先大队不仅开展面向全校学生的主题活动，也要求各团支部、中队在班内开展系列活动，以培养全校学生的爱国主义情感和思想道德水平。

（3）雅韵课程

学校大力开展艺术教育，开发雅韵课程，向学生播撒艺术的种子，以唤醒和塑造学生的美感，培养学生的审美趣味和观念，让学生拥有愉悦和自信的心态，同时有助于学生学会如何与他人相处和表达自己，帮助学生在未来的生活和职业生涯中展现出更多的创造力和解决问题的能力。

学校雅韵课程涉及古筝社团、光羽吉他社、口风琴社团、"净雅之声"室内乐团、"黄梅花开"戏曲社团（参见附录相关内容）、曙光合唱团、创意线描社团、堆漆创艺社团（参见附录相关内容）等。戏曲和堆漆画是学校雅韵课程的亮点。

（4）力行课程

学校的力行课程涉及劳动实践和体育运动两类课程。劳动实践课程即劳动课，通过劳动实践，学生学到各类劳动的技能，从而了解劳动的价值，学会尊重劳动成果，增强社会适应能力。体育运动课程包括涉及国际象棋、围棋课以及篮球社团、足球社团、射击社团、田径社团、冰壶社团、啦啦操社团等。各类体育项目不仅可以增强学生的身体素质，塑造健美的形体，提高体能和耐力，也能改善学生的心理状态，减轻压力，提高抗压能力，还能培养他们的社会责任感和团队合作精神，是促进学生全面发展的重要教育内容。

在让学生快乐运动的同时，学校通过多种方式，引导学生以班级、家庭为阵地，开展适合个人现状的主题劳动。不仅让劳动课进课表，还持续举办"劳动教育优质课"比赛活动，通过比赛活动，提高教师对劳动教育课的重视和上好劳动教育课的本领。学校陈畅老师获得安徽省劳动教育优质课一等奖。这与学校扎实开展劳动课密不可分。学校还开辟了劳动教育实践基地，小菜园里的茄子、西红柿、辣椒长势喜人，在孩子们辛勤的培育下，都结出丰硕的果实。假期中，我们向学生发出了

"美食征集令"，学生们积极响应，纷纷动手走进厨房，制作了各具特色的美食，学校把学生们精心烹饪出的作品通过网络向其他学生进行展示，既丰富了学生们居家生活的内容，又让学生们通过劳动训练和劳动体验，逐步理解劳动的意义，感受到劳动的快乐。

另外，学校每学期都会举行研学活动，学生们走出校园，开展各种社会实践活动。研学是一个"流动的课堂"。学校利用节假日等时间深入红色教育基地、劳动实践基地、科技教育场馆、博物馆等基地或单位开展集体研学活动，在研学活动过程中积极融入交际能力、团队意识、责任意识、环境意识、科学意识、劳动习惯等教育元素，让学生在积极实践、融入社会的过程中，增长知识，提升素养，让心灵变得更加优雅高尚，提升创造和实践能力。

本章结语

在新时代教育改革的浪潮中，学校以《义务教育课程方案（2022年版）》为纲领，创新构建"1+1+X"课程体系，将国家课程的规范性、校本课程的特色性与学生发展的选择性有机结合，深度融入未来教育观、核心素养观、理解性教学观、跨学科学习观及表现性评价观五大新课程理念，形成了一套既扎根中国教育传统又面向未来挑战的育人新模式。

以核心素养为纲，理解性教学赋能，国家课程始终以核心素养培育为核心目标。我们摒弃传统的知识灌输模式，以理解性教学观重构课堂生态的同时，依据《中国学生发展核心素养》框架，将批判性思维、合作能力等跨学科素养嵌入教学目标，实现"教学—评价—反思"的闭环管理，使核心素养从理念转化为可观测、可评估的教学行为。

特色校本课程立足"净雅教育"文化基因，以跨学科学习观打破学科壁垒，回应未来社会对复合型人才的需求。校本课程以满足学生的个性化发展需求为导向，依托表现性评价观构建多元化学生成长路径。"净心"类、"雅行"类课程相互润泽，赋能"五育并举"。

学校"1+1+X"课程模式以新课程理念为魂，以校本化实践为体，构建了"固本守正—跨界融合—个性舒展"的三维育人生态。这一实践响应了党的二十大报告中"发展素质教育，促进教育公平"的号召，更通过课程创新将教育家精神具象化为可操作的育人路径，为培养兼具家国情怀、创新思维、实践能力的公民提供了鲜活样本。

第五章

打造"净雅"课堂,焕发生机活力

　　课堂教学作为知识传授和能力培养的主渠道，它直接关系到学生的学习成效和全面发展。有效的课堂教学能够激发学生的求知欲，培养学生的批判性思维，促进学生的个性发展和创新能力的提升。因此，优化课堂教学方法，提升教学质量，对于实现教育目标至关重要。

　　在教育改革的浪潮中，芜湖市第十一中学城东校区依托当前教学改革理论，开发与新课程理念相匹配的课堂教学模式，打造"净雅"课堂，让课改和教改相得益彰，让课堂焕发新的生机和活力。

第一节　"净雅"课堂教学改革理论及优秀标准

"净雅"课堂教学改革理论，具体落实在教学理念、教学目标、教学方式三个方面，其优秀标准即要求诸多方面的"和谐"。

一、课堂教学改革理论解读

《义务教育课程方案（2022年版）》突出"培根铸魂、启智增慧"的育人功能和时代要求，整体架构起"素养导向、育人为本"的新时代义务教育课程理念、目标、内容、质量和实施新体系。课堂教学是实现课程教材育人价值、实施素质教育的主渠道，是贯彻落实教育方针、培育学生核心素养的主阵地。课程改革只有触动"课堂"板块，才能使课改与教改相得益彰。作为课改主力军，教师要实施与新课标相匹配的新课堂教学，以促进知识本位向素养本位、教为中心向学为中心、学科教学向学科育人的根本转变。

1.教学理念：新课堂要坚持课程思政和五育融合

近年来课程教学理念不断在继承中创新、在实践中发展，其中课程思政和五育融合的理念极具代表性和方向性。课程思政是指在各学科课程教学中，努力发掘课程教材本身所蕴含的思想政治教育元素，坚持有机融合的原则，在系统、科学地进行知识教学的过程中，有意识地开展理论传播、思想引领、价值引导、精神塑造和情感激发的教育方式。五育融合则是指在充分尊重各育的独特功能和育人价值的前提下，突破学科局限，打破学科功能的单一性，在学科教学中融合其他学科以及超学科的要素，在发展本学科核心素养、实现学科育人价值的同时，增加多育发展机会，达成"一课多育"的目标。五育融合的根本目的并不是追求各育的整齐划一、平均发展，而是要尽力促进所有学生全面和谐健康发展。

坚持课程思政、五育融合的关键是要以全面联系的观点深入认识和理解德智体美劳各自的独特价值及其关联，既要坚持"五育并举"，又要寻求五育融合，真正确立综合育人的教学立场，全面提升学生的综合素质，同时要善于从各学科课程内容中发现、发掘、提炼育人的资源、元素、内涵。

2.教学目标：新课堂要聚焦核心素养和核心知识

基础教育课程改革已全面进入培育学生核心素养的新时代。确立指向核心素养的教学目标、聚焦核心概念或核心知识组织教学内容，是各学科新课标的共同建议与要求。比如，语文新课标依据语文课程的性质与特点，提出文化自信、语言运用、思维能力、审美创造四个方面的核心素养，充分体现了语文课程工具性与人文性相统一的特征；物理、生物、科学等学科的新课标，从学科观念、科学思维、探究实践、态度责任四个方面凝练核心素养，同样是基于科学的本质。核心素养的提出，不仅明确了新课标的整体脉络，还从方向与目标层面明确了新课标教学改革的总体方向。核心知识则主要是指新课程基于落实核心素养目标而遴选出的学科大概念、重要观念、主题内容及跨学科大概念等，它是学科知识体系的"细胞核"，是能转化为核心素养的"知识精髓"。

要使新课堂的目标聚焦核心素养和核心知识，就要根据新课标的独特意蕴和呈现特征，总体上按照"宏观—中观—微观"的思维逻辑，逐级聚焦并落实素养型课堂教学目标：

首先，在宏观上要明确综合性核心素养是党的教育方针的具体化表征，使素养型课堂教学目标的确立和实施能始终体现立德树人的大方向。

其次，在中观上要紧紧抓住学科核心素养，因为学科核心素养是综合性核心素养在特定学科中的具体化表征，是学科本质和教育价值的集中体现，是综合性核心素养最终能落地见效的主要抓手。

最后，在微观上要善于发现与锚定承载学科核心素养落地的核心知识，科学判断某单元直至某课的具体教学内容在发展学生某类型学科核心素养中所起的独特作用，从而精准确立并落实素养型课堂教学目标。

3.教学方式：新课堂要加强学科实践和主题探究

作为综合创新型学习方式，学科实践和主题探究既是新课标释放出的"学科育人方式变革"的突破口和着力点，也是引领素养时代学习方式变革的新举措。

比如，各学科新课标都强调以情境、问题、任务、项目为抓手，切实推进学科实践（学科探究、学科活动）的实施，建构实践型的育人方式，让学生在实际操作和亲身经历中真实地感受知识的来源和背景，体验知识的用处和价值，发展学以致用的能力，同时感受探究和发现的乐趣，增强学习的自信心。以学科实践为抓手，推进育人方式根本变革，是核心素养时代全面深化课堂教学改革的重要要求。

二、课堂教学的优秀标准

"净雅"课堂加强学科实践和主题探究，推进育人方式和核心素养课堂教学的改革。同时，"净雅"课堂追求和谐的艺术。我们主要从以下四个方面进行探索和努力，并且时时给予观察、修改与补充。

1.课改理念与教学本原的和谐

义务教育课程方案提出要深化教学改革，坚持素养导向。围绕"培养什么人、怎样培养人、为谁培养人"，深刻理解课程的育人价值，落实育人为本的理念。准确把握课程要培养的学生核心素养，明确教学内容和教学活动的素养要求，培养学生正确的价值观、必备品格和关键能力，设定教学目标，改革教学过程和教学方法，把立德树人根本任务落实到具体教育教学活动中。明确了课程理念，同时要掌握本学科的本质特点，要能在理念的引领下，做好学科教育教学的改革，做到课改理念与教学本原的和谐。

2.走进教材与重组创造的和谐

有些教师在设计教学预案时一味强调重组教学内容，改革教学思路，刻意追求标新立异，从一个极端走向另一个极端。如何看待教材？如何尊重教材？如何理解教材？如何用好教材？对于这些问题的回答，往往成为解读课堂之根本。教师备课要备两头：教材和学生。在充分理解教材编者意图的同时要尊重本班学生的学情。因此，实现"走进教材与重组创造的和谐"，才能真正在教学中体现"以生为本，以学定教"。

3.教学预设与互动生成的和谐

教育家布鲁姆指出，人们无法预料教学所产生的成果的全部范围。预设与生成是矛盾的对立统一体，课堂教学既需要预设，也需要生成。预设体现教学的计划性和封闭性，生成体现教学的动态性和开放性，两者具有互补性。只有教师精心地预设，才会有学生精彩的表现。

4.小组合作与独立思考的和谐

很多教师在应用小组合作学习时偏重形式，并没有真正深刻理解其内涵，更没有关注小组合作学习是否有效实施，是否促进了学生各方面能力的提高。这种重合作的形式而淡化实质，把它作为课堂教学点缀的做法很容易导致小组合作学习的低效甚至是失效。合作必须建立在独立思考的基础之上，学生只有经过充分的独立思考，对问题有了自己的想法，觉得有话可说，才会产生交流、表达的欲望。同样，在合作交流后还需要做深入思考。

在实际探索中，我们发现，"净雅"课堂的内涵远不止以上所述的四个方面，还需要从更多的细节入手进行观察与补充。如：

第一，语言是教师在课堂上呈现魅力的重要载体，我们追求"朴实语言与艺术渲染的和谐"。

第二，媒体运用是教师在课堂上展现技能的重要环节，我们追求

"传统手段与信息技术的和谐"。

第三，整体设计是教师在课堂上呈现实力的重要保证，我们追求"关注过程与重视结果的和谐"。

第四，进行结构化、综合性教学活动是教师发挥育人价值的重要体现，我们追求"项目学习与学科融合的和谐"。

第五，关注生命过程是和谐课堂之根本，我们的课堂应该是充满生命活力、洋溢生活气息、促进和谐发展的"净雅"课堂。

第二节 "净雅"课堂教学优秀案例解读

以下就小学道德与法治、数学、绘本和初中道德与法治、物理、体育、地理、英语的"净雅"课堂，各选一篇优秀的教学设计案例，先简要点评，再呈现原教学设计。

一、小学道德与法治教学设计案例

以《习近平新时代中国特色社会主义思想学生读本：小学高年级》第7讲《法律是治国之重器》为教学对象，汪国柱老师教学设计的主要特色是：

第一，遵循原教材内容的逻辑顺序，层层推进，分为三个部分：法律是什么；宪法是国家的根本法；立规矩、讲规矩、守规矩。

第二，"法律""宪法"都是比较抽象的概念，而"规则""规矩"是学生熟悉的，因此在教学中创设生活化的情境，通过生活化的语言、生活中的小故事，由浅入深地帮助学生理解法律的含义。

第三，运用知识擂台赛、"獬豸"故事，激发学生学习的兴趣。

第四，通过视频引入，让学生切身感受法律是治国之重器，从而形成亲近法律、遵守法律的意识。

《法律是治国之重器》教学设计

设计者 汪国柱

【教材分析】

1.法治：导读。

从《中华人民共和国民法典》通过并实施而引入，引导学生感受大到国家的政治生活，小到个人的家庭生活，处处都有法律的身影，法律让我们的生活更美好。

2.法律是什么？

读本以生活化的语言讲法治：引用神兽"獬豸"阐述法治公平、公正的含义，帮助学生进一步体会法律的作用，认识法治的内涵。

3.宪法是国家的根本法。

依法治国首先是依宪治国。

读本通过介绍宪法的内容、性质、地位及效力等方面，引导学生深入理解宪法相关知识，进而认同宪法是国家的根本法，并从国家宪法日、宪法宣誓等讲述国家维护宪法权威的具体做法。

4.立规矩、守规矩、讲规矩。

从个人层面，我们要树立宪法至上的理念，自觉维护法律权威。最终以具体要求为本课落脚点，引导学生从日常行为中树立规则意识，做到遵规守纪。

以上四个板块在内容上相互关联，在逻辑上层层递进，学生在学习的过程中构建了从认知到认同再到内化的知识体系，从而深刻体会到法律是治国之重器。

【学情分析】

五年级的学生知道在生活中很多规范要遵守，但说到法律，一些学生认为，法律是大人的事，跟自己没有关系。还有一部分学生认为，只有违法的人才会受到法律的制裁，法律就是为了惩治犯罪，宪法与自己的关系不大。

这与学生年龄小、社会经验少、缺失必要的法律常识和法治意识有关，因此要通过生活化的语言、生活中的小故事，由浅入深地帮助学生理解法律的含义，感受法律是治国之重器，从而形成亲近法律、遵守法律的意识。

【教学目标】

1.通过"法律擂台赛"、追根溯源"法"的含义，让学生了解法律的作用，认识法治的内涵。

2.通过"观察日历"、观看"宪法宣誓"，引导学生认识宪法的地位，知道要依法治国、依宪治国，国家才能得到更好发展。

3.通过情境再现，引导学生树立规则意识，做到遵规守纪。

【教学重难点】

重点：通过"法律擂台赛"、追根溯源"法"的含义，引导学生了解法律的作用，认识法治的内涵。

难点：通过"观察日历"、观看"宪法宣誓"，引导学生认识宪法的地位，知道要依法治国、依宪治国，定价才能得到更好发展。

【教学过程】

环节一：活动导入，走近法律。

1.观察情境。

"法律是治国之重器，良法是善治之前提。"这句话的意思是说，法律是治理国家的重要工具，而好的法律是合理治理国家的前提。同学们，我们要上学，经常要去购物，一日三顿需要就餐，这些都是生活中常见的情境。它们与法律有关吗？与哪些法律有关？如果没有这些法律，会有什么情况发生？

2.学生交流回答。

3.教师总结：同学们，你们懂得真多！生活中的法律无处不在，大到国家的政治生活，小到个人的家庭生活，处处都有法律的身影。生活中的各种社会关系，不仅需要依靠道德、亲情、友情来协调，还需要法律来调整。

4.法律大擂台。

同学们，下面我们进行一次"法律擂台赛"："我知道得最多"。

问题1：你知道和教育有关的法律有哪些？

问题2：除了和教育有关的法律之外，你还知道哪些法律？

5.教师总结：同学们太了不起了！说起这些法律来真是如数家珍。随着我国法律的不断完善，法律对维护社会秩序、保障人民美好生活、促进国家发展起到了重要作用。法治是社会发展的体现，更是社会主义核心价值观的体现。

6.了解《中华人民共和国民法典》：请大家阅读课本第38—39页内容。通过阅读，你了解了哪些信息？

同学们，这是新中国成立以来第一部以"法典"命名的法律，是一部体现对生命健康、财产安全、生活幸福、人格尊严等各方面权利平等保护的民法典，是一部具有鲜明中国特色、实践特色、时代特色的民法典。

《中华人民共和国民法典》共7编、1260条，各编依次为总则、物权、合同、人格权、婚姻家庭、继承、侵权责任，以及附则。

7.看一段关于《中华人民共和国民法典》的视频。

8.同学们，我们通过青少年普法课堂，看看法律是如何为我们保驾护航的？

【设计意图：通过案例讲述，创设与法律相关的情境，引发学生思考，激发学习兴趣，用"法律擂台赛"让学生了解生活中的法律无处不在，为后续教学做好铺垫。】

环节二：新授部分，了解法律。

活动一：追根溯源话法治。

1.法律是什么？有人给了法律一个最形象的比喻，说法律就是准绳。用法律的准绳去衡量、规范、引导社会生活，这就是法治。

2.结合资料袋里的内容，解析"灋"（"法"的繁体字）。

思考：獬豸象征着什么？你能推测出"法"字的右半部分是什么意思吗？

"灋"的意思是将不好的、错误的、违反规定的去除，也就是予以制裁。因此，"法"字体现了中国古人对公正、公平的追求。

3.关于獬豸，老师给大家带来了一段有趣的视频，你们想看吗？（播放视频）

4.资料袋：出示三幅图，指一指图中獬豸的元素在哪里？

獬豸的元素象征着什么，你们知道吗？

5.总结：代表法的獬豸虽然凶猛可怕，但它针对的是犯法者，守护的是社会的公平和正义，因此是可畏可敬又可爱的。在今天，法律保障着我们的各项权益。

6.用图片展示保护未成年人的几部法律：《中华人民共和国义务教育法》《中华人民共和国未成年人保护法》《中华人民共和国预防未成年人犯罪法》。同学们，有了这些法律的保护，我们才能每天坐在宽敞明亮的教室里幸福地学习，沐浴着阳光和雨露快乐地成长。

【设计意图：本环节播放一段视频讲述"法"的繁体字，让学生了解"獬豸"的象征意义，帮助学生理解法律的概念、特征以及与其他社会规范的区别，为学生理解法律的重要性奠定基础，同时，大量资料的出示让学生了解了中华优秀传统文化，增强了文化自信。】

活动二：依宪治国是关键。

1.（出示多部法律文本）大家请看，在这么多部法律中，哪部法律在"法律家族"中具有至高无上的地位呢？

2.关于宪法的介绍。

3.观察日历：国家宪法日（出示日历图）。

为什么要设立国家宪法日呢？我们通过一段微课来了解一下。（播放视频）

4.2018年3月17日，十三届全国人大一次会议宪法宣誓仪式举行。新当选的国家主席、中央军委主席习近平进行宪法宣誓。（播放视频）

5.你感受到的气氛是怎样的？国家最高领导人为什么要进行宪法宣誓？这说明什么？

6.在国家宪法日，我们应该做些什么？（出黑板报、办手抄报、开班会、唱歌）

7.总结：依法治国，首先是依宪治国。我们要树立宪法至上的理念，自觉维护宪法权威。

【设计意图：本环节层层递进，深入浅出，介绍我国法律体系的基本框架，重点讲解宪法的地位和作用，帮助学生树立宪法意识，增强法治观念。通过在国家宪法日我们出黑板报、开班会等主题活动，让学生们切身感受到法就在我们身边。】

活动三：遵规守纪是核心。

1.同学们，你们上课专心听讲，是遵守课堂秩序；放学时排队出校门是遵守学校规则。我们要从小懂得立规矩、讲规矩、守规矩，树立规则意识。

2.出示金句：法律的生命力在于实施。如果有了法律而不实施，或者实施不力，搞得有法不依、执法不严、违法不究，那制定再多法律也无济于事。

以上金句强调了"实施"对于法律的重要作用。同学们，遇到下面情境，你们会怎么做？为什么要这么做？公民这样做与国家发展有怎样的关系？

3.出示情境图。

4.总结：我们要从小树立规则意识，尊法学法守法用法，以守法为荣，以违法为耻。

【设计意图：结合学生日常生活中的现实事例，引导学生分析法律在维护国家稳定、保障人民权利、促进社会公平正义等方面的重要作用，结合习近平总书记的金句，让学生深刻理解"法律是治国之重器"的涵义。】

环节三：总结部分，宣传法律。

1.法律的生命力在于实施。如何让每一个人都自觉地遵规守纪？你有什么好方法？

2.教师总结：同学们，你们的建议太好了！都具备很强的操作性！我们还可以成立法治宣传小组，进行社会调查；关注身边与法律有关的事物，在节假日里和爸爸妈妈一起走进身边的法院博物馆，去参观法治教育基地等，全方位、多角度感受、了解我们身边的法。

3.同学们，我们是祖国的未来，中国梦的圆梦人，从小就要扣好人生的第一粒扣子。法律是治国之重器，所以我们要做到心中有法，尊崇法律，以守法为荣，以违法为耻。只有这样，社会才能安定和谐，国家才能长治久安。

今天的课就上到这里，同学们，再见！

【设计意图：教师应注重将法治教育与学生的日常生活相结合，引导学生将法治意识转化为实际行动，做尊法、学法、守法、用法的好公民。本教学环节旨在通过多种教学方法和活动，促使学生认识法律在国家治理和公民生活中的重要作用，并最终将法治意识转化为实际行动，做尊法、学法、守法、用法的好公民。】

【板书设计】

法律是治国之重器

国家 → 治国理政 → 准绳

法律

公民 → 社会活动 → 规矩

立规矩、讲规矩、守规矩

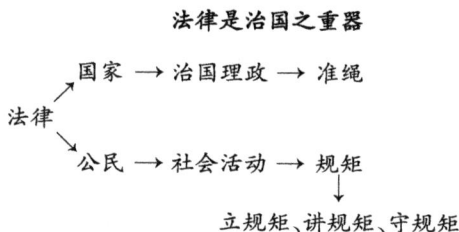

二、小学数学教学设计案例

以人教版《数学》四年级上册中《一亿有多大》为教学对象，汪正辉老师的教学设计充分展示了主题式教学的魅力。值得注意的是，该课曾被收入2021年芜湖市教育科学课题"数学文化浸润小学数学教学的路径研究"（课题编号：JK21017）研究成果，并获得专家们的一致好评。

随着教育改革的不断发展，小学数学教学的改革也在深入。数学课程应培养学生适应进一步学习和终身发展需要的数学核心素养，数学核心素养包括三方面：会用数学的眼光观察现实世界，会用数学的思维思考现实世界，会用数学的语言表达现实世界。主题式教学是培养数学核心素养的策略之一。在主题式教学中浸润数学文化，主题式教学才更具有数学味，才更能凸显数学本质，才更能展现出数学的美学价值和哲学价值。

主题式教学，作为立足于学生核心素养发展的一种教学方式，是指数学教师通过对教材的深刻把握，给予学生一个具有研究价值的学习主题，引导学生从主题角度思考数学问题、探究数学知识、培养数学思维、拓展数学文化的教学方法。主题式教学可以是针对一个单元开展的单元主题式教学，也可以是针对一类问题开展的主题式教学。

数学文化的概念很宽泛，数学问题、数学背景、数学思维、数学应用等都体现了数学文化的内涵。浸润数学文化的主题式教学可在聚焦"主题"的基础上推动学生深度学习，促进学生思维发展，有效培养学生的数学核心素养。

该教学设计以生本理念为先导，展开了浸润数学文化的主题式教学研究：

第一，确定主题：打破书本知识和生活实践的界限。

主题是主题式教学的核心，确定符合学生认知水平和内在发展的学习主题，教学才会更具意义和价值。

《一亿有多大》在教材中属于综合实践活动的内容。一亿这个数在生活中很常见，学生也学习了关于亿和亿以内的计数单位。教师在课堂伊始，出示了三组信息，学生读完以后，都发现信息中有"亿"这个计数单位，教师随即提问。

显然，这些只是学生们的猜想，学生对一亿的概念是模糊的，计数单位的陈述仍显抽象。学生还没有足够的感性认识，更上升不到理性认识的高度，因此确定"一亿有多大"这一主题研究，是必要的，是有价值的。主题式教学可以打破书本知识和生活实践的界限，让学生通过小组合作的形式进行项目式研究，提高学生的数学研究能力，提升学生的数学素养。

第二，制定方案：架起数感和量感的桥梁。

小学数学文化主题式教学从本质上看是数学思维的教学，更是数学思想、数学方法的教学。因此，制定科学合理的方案是开展主题式教学的前提。

学生在此之前，已经知道了数位之间的进率，对大数有了一定的数感。然而怎样用生活中常见的物体来研究一亿有多大呢？学生在班级展开了讨论。最后，教师根据学生的讨论，确定了四个研究问题及其具体研究形式。

这四个不同的问题既易操作又具有研究的代表性，充分架起了数感和量感的桥梁。正因为有了科学的方案制定，充分的课前准备，学生在课堂中才能明确研究主题、聚焦学习任务、顺利开展研究。

第三，实践研究：渗透部分推算整体的策略。

数学思想、方法，活动经验的积累，彰显了数学文化，更是学生进行自主探究学习的法宝。

在实际操作中，学生很难或无法找到1亿个物体来测量，那通过怎样的策略来研究一亿有多大呢？通过讨论交流，学生发现可以运用先测量部分再推算出整体的方法进行研究，教师根据这一思想制定了实验探究单。在研究的过程中，学生发现整十整百的数推算起来更加容易，只要称出10粒或100粒黄豆的质量、100粒大米的质量、100张纸的高度、走10步的距离，就可以推算出1亿有多大。根据这一思路，学生在课堂中展开了研究。操作员、记录员、计算员、汇报员，学生分工明确，全情投入。

这样深度合作、实验探究学习的过程让同学们积累了基本活动经验，掌握了部分推算整体的学习策略。

第四，经验分享：彰显师生、生生互动的精彩。

小组合作学习是数学课程标准倡导的学习方式，与主题式教学的理念相当契合。小组合作学习能实现组内成员的互助互学，更能通过经验分享向全班展示研究成果，起到全员共同生长的作用。

为提高课堂学习效率，本节课教师在全班8个小组中选出两个小组上台详细汇报研究成果，其余6组分别在台下简短汇报研究结果，汇报过程精彩纷呈。

此类主题式教学的小组合作学习模式最精彩的环节也就是学生的经验分享环节，教师平日里要做好这方面的训练，学生要分工明确，汇报要大方得体，语言顺畅。同时教师要做好预设，能预设出学生在课堂中的疑问，通过灵活的应变能力，达到无痕的教育境界。

第五，拓展主题：感受微观与宏观的辩证关系。

学生在经历了丰富的探究活动和经验分享后还需要提升他们更深层的数学感悟，这也是渗透数学文化和美育思想的最佳时机。

在此环节教师出示了这样的信息：

1亿粒大米约重250万克，如果每人每天吃大米400克，1亿粒大米可供一个人吃约17年。

1亿滴水约汇成3333升水，如果每人每天喝1500毫升水，能供一个人喝约6年。

纳米是非常小的长度单位，一般用于描述微小物体的尺寸，例如，5纳米长的芯片等，1纳米等于0.000001毫米，1亿个1纳米是100毫米，也就是0.1米。

学生看到前两条信息，瞬间感受到节约粮食、节约水资源的重要性，正所谓一箪食一瓢饮，当思来之不易。第三条信息，更唤醒了学生强烈的对知识的渴求。既然1亿那么大，为什么1亿纳米却只有0.1米呢？学生再次陷入讨论，在讨论中深深感受到微观和宏观的辩证关系，感受到了数学的奥妙。

开展小学数学主题式教学的一般方法有五个环节："确定主题"—"制定方案"—"实践研究"—"经验分享"—"拓展主题"。在主题式教学环节中浸润数学文化，主题式教学才更具有数学味，才更能凸显数学本质，才更能展现出数学的美学价值和哲学价值。

《一亿有多大》教学设计

设计者　汪正辉

【教学内容】

人教版《数学》四年级上册。

【教学目标】

知识与技能：

1.运用生活中的实物，通过测量、称重、推理、计算等过程体会一亿有多大，感受"亿"这个计数单位的大小。

2.学会用不同的方法进行从部分到整体的推算。

3.增强学生的数感和量感，感受辩证的思想。

过程与方法：

通过小组合作、探究性学习，经历制定方案、任务分工、测量记录、推理计算、讨论总结等过程，经历知识形成的过程，体会一亿有多大。

情感、态度和价值观：

1.在探究学习中培养学生合作学习的能力，增强学生学习数学的兴趣。

2.使学生感受坚持不懈的精神，让学生学会珍惜水、珍惜粮食。

【教学重难点】

重点：开展探究性学习，体会一亿有多大。

难点：掌握推算的过程，增强学生的数感和量感。

【教学准备】

作业纸，硬币12个，直尺4把，A4纸1包，卷尺1个，秒表1个，大豆若干，电子秤5个，大米若干，花生米若干。

【教学过程】

环节一：数字信息导入。

教师出示相关信息，请学生读一读。

1.11月12日零点，阿里巴巴方面对外公布了2021年天猫"双11"的成交额数据：11月1日零点至11月12日零点，2020年天猫"双十一"的成交额为4982亿元。

2.截至2021年1月，世界人口近76亿人，而我国是世界上人口最多的国家，大约有14亿人，其中在校小学生约1亿人，如果让1亿个小朋友手拉手，可以绕地球赤道3圈半。

3.到2020年底，我国现行标准下近1亿贫困人口全部脱贫，如期完成了新时代目标任务。

师：同学们，这些信息中都有什么共同的特征呢？

生：都有"亿"这个计数单位。

师：是的，都有"亿"，那么"一亿"究竟有多大呢？今天我们就来学习"一亿有多大"。（板书）

【设计意图：从数字信息导入，使学生感受到"亿"在生活中的广泛应用，直奔主题。】

环节二：说一说一亿有多大，复习亿的计数单位。

师：如果老师让你想一想并说一说一亿有多大，你打算怎样形容一亿呢？

生1：一个人的头发大约有1亿根。

生2：1亿是10个一千万。

生3：1亿是100个一百万。

生3：1亿是1000个十万。

生4：1亿是10000个一万。

生5：1亿是100000个一千。

生5：1亿是1000000个一百。

生6：1亿是10000000个十。

生7：1亿是100000000个一。

【设计意图：通过对"亿"计数单位的复习，让学生熟悉各个计数单位和"亿"这个计数单位之间的进率关系，为后面的推算打下基础。】

环节三：活动探究一亿有多大。

1.说一说你想怎样研究。

师：我们了解了这么多有关1亿的知识，那么1亿到底有多大呢？如果让同学们自己借助生活中的物体研究一下。你打算怎样研究？

生1：我想测量1亿颗大豆有多重？

师：那么我们慢慢数，数到1亿颗，再称重，你觉得这样研究方便吗？我们可以怎样研究？

生：可以先测出100颗大豆的质量，再计算出1亿颗大豆有多重。

师：还可以研究什么？

生2：我想知道走1亿步有多远，我可以先测量走10步有多远，再算出来1亿步有多远。

师：同学们说得都很好，下面就让我们在课堂中来研究一下1亿有多大吧。

2.组长上台选取盲盒（探究工具），明确研究要求。

师：下面请组长把盲盒放在桌子上，我们一起来读研究要求。

研究要求：

（1）讨论研究方法。说一说你们打算怎样研究？

（2）制定研究方案。组长分配组员的任务。操作员2位，测量员2位，记录员1位，汇报员1位。

（3）进行探究。边操作，边记录，写下活动步骤。

（4）总结汇报。小组探究后，进一步讨论，得出结论，安排汇报人。

3.探究1亿有多大。

学生根据探究要求开始探究1亿有多大，教师巡视并指导。

学生在研究学习的过程中，填写实验探究活动单。

【设计意图：通过说一说让学生在大脑中有研究的设想，不至于突然拿到探究工具不知所措。通过让组长选盲盒，调动所有组员活动的积极性。让学生明确探究要求，认真开展探究活动。】

4.汇报探究结果。

（1）第一组汇报（预设：1亿张纸摞起来有多高）。

学生汇报,教师辅助理解、追问。

（2）第二组汇报（预设：走1亿步有多长的距离）。

学生汇报,教师辅助理解、追问。

（3）第三组汇报（预设：1亿粒黄豆有多重）。

学生汇报,教师辅助理解、追问。

（4）教师展示正确研究结果和孩子们研究的结果相比较,核验研究结果。

5.回顾计算过程,总结感想,进一步掌握研究方法。

（1）教师将3位同学的汇报单同时展示。

师：刚刚3位同学的汇报都非常棒。看了这些同学的研究,你有什么想说的呢？

生1：1亿真的好大呀。

师：能否根据他们的研究单,说一说你的想法。

师：谁能说一说他们的推算过程？（学生汇报。）

（2）展示错误的推算结果,请学生找出错误,并现场修改。

（3）请学生总结推算的不同方法。

（4）教师总结研究方法。

在研究的时候我们可以通过制定研究方案,先测量部分再推算整体。（板书）

```
部分          推算          整体
100张    ————————→    1亿张
1000张
```

师：在推算的过程中,我们可以一步一步推算,也可以列表推算,还可以找到倍数关系,直接计算。

【设计意图：同学们不仅要增强实验探究的能力,还要掌握推算的方法。通过对比、分析,学生观察汇报,教师总结,学生深入理解了实验探究的过程和方法,今后遇到类似问题时可以运用类似方法进行探究。】

环节四：构建模型，深入感知1亿张纸的高度和1亿粒黄豆的质量。

师：同学们，刚刚我们研究了1亿张纸摞在一起的高度大约是10000米，我们也知道珠穆朗玛峰高的高度大约是8848米，那10000米比珠穆朗玛峰高多少米呢？

生：1000多米。

师：是的，可是珠穆朗玛峰高离我们还是有点远，我们还是不太清楚10000米究竟有多高。大家知道吗？芜湖市金鹰世纪中心位于弋江区中山南路与新时代商业街交叉口，高度318米，总层数为69层，为芜湖市地标建筑。10000米大约有31座芜湖金鹰世纪中心高楼叠在一起那么高。

1亿粒黄豆大约有70吨重，一辆小汽车大约有1.5吨重，1亿粒大豆的质量相当于47辆小汽车的质量。

看到这里你有什么感想？（学生谈感想。）

师：是啊，一张纸微不足道，可是1亿张纸摞在一起却高不可测，正所谓"不积跬步，无以至千里；不积小流，无以成江海"。就像我们的学习，只要每天努力一点点，我们就会收获质的飞跃。

【设计意图：虽然同学们研究出了1亿张纸摞在一起有10000米高，但是孩子们对10000米依然没有理性认识，甚至连感性的经验都没有。教师运用芜湖建筑作比较，结合课件的对比演示，让学生感受到10000米高有多高；又用小汽车的质量与1亿粒黄豆的质量作比较，在学生大脑中建立模型，增强学生的理性认识。】

环节五：回顾反思，升华感知。

师：其实生活中有很多物品，虽然看起来细小，但是积累1亿个就不容小觑。我们再来看几条生活中有关1亿的信息。

（1）1亿粒大米约重250万克，如果每人每天吃大米400克，1亿粒大米可供一个人吃约17年。

（2）1亿滴水约汇成3333升水，如果每人每天喝1500毫升水，能供一个人喝约6年。

（3）纳米是非常小的长度单位，一般用于描述微小物体的尺寸，例如，5纳米长的芯片等，1纳米等于0.000001毫米，1亿个1纳米是100毫米，也就是0.1米。

看到这几条信息，你又有什么感受呢？（学生谈感想。）

是呀，一箪食一瓢饮，当思来之不易。

宇宙之大，粒子之微，无处不用数学。

师：同学们，今天这节课我们学习了1亿有多大，你有哪些收获？（学生谈收获。）

师：同学们的收获可真不少呀，课后请大家选择自己喜欢的研究主题来进行实验研究，并撰写成小报告，下节课我们再交流。

【实验探究单】

探究内容	1亿粒大米有多重						
探究工具	大米、电子秤						
探究过程	通过测量得出:(　　)粒大米有(　　　)克。(四舍五入取整数) 再推算100000000粒大米有多重:(　　　)						
推算过程	提示:可以选择下面一种方法进行推算,也可以两种方法都用。 列表法:						

数量/粒	10	100	1000				1亿
质量/g							

注:表格里的空可以不全部填完。
列式计算:

活动结论	1亿粒大米有(　　　)克,也就是(　　　)千克,合(　　　)吨
你还想研究什么	1亿(　　　)有多(　　　)

【板书设计】

1亿有多大

1亿是10个一千万

100个一百万

1000个十万

10000个一万　　　　　　　　　　　部分　　推算　　整体

100000个一千　　　　　　　　　　 100张 ————→ 1亿张

1000000个一百　　　　　　　　　　1000张

10000000个十

100000000个一

三、绘本教学设计案例

2022年9月，刘君君老师申报的课题"'双减'背景下指向儿童实践创新能力的绘本阅读策略研究"正式立项。之后，课题组成员进行了一系列课题研究，纷纷了解绘本、选读绘本、上绘本课，带领学生围绕绘本进行相关活动，以提高儿童的实践创新能力。

郝广才先生在他的著作《好绘本如何好》一书中这样说：绘本大概是一本书，运用一组图画，去表达一个故事，或一个主题。绘本虽然运用儿童式的语言，却非常注重想象与逻辑的并存。教师需要选择好的绘本故事进行教学，运用这个绘本故事中的主题引导学生展开学习。

选择绘本《我妈妈》为教学对象而进行教学设计，兼顾语言性与思想性，非常符合发展学生核心素养的要求。教学对象是二年级的孩子，他们具备一定的读图能力，识字量也明显区别于幼儿。于是，在充分考虑学生主体的特点后，将教学重点放在教给学生方法上，即"读文字、读图画"，带领孩子细心去体会绘本"用图说故事"的特点，以及绘本语言的层层递进性。

绘本故事中的文字往往不多，文字的作用不只是要传达故事和信息，还要创造书的节奏感、音乐性。因此，在层层递进式的教学中时而盘旋停留以做小结，时而情感不断加强以引导学生感受母爱、表达母爱。情感不断升华，育人目标才能完美达成。

绘本《我妈妈》教学设计

设计者　刘君君

【教材简析】

绘本《我妈妈》是画家安东尼·布朗的作品。《我妈妈》借着孩子天真、自豪的口吻，描绘心目中无所不能的妈妈。

安东尼·布朗同样运用对比的句子，形容妈妈的各个方面。比如，说妈妈的歌声像天使，吼叫起来又像狮子；说妈妈像猫咪一样柔软，又像犀牛一样强硬。

此外，使用比喻手法，说妈妈美丽得像蝴蝶，柔软得像沙发……通过简单朴实的语言和精心设计的排比句式，有力地展现了母亲的日常辛劳，用有力而新颖的方式，诠释了传统的孝道教育。

【教学目标】

1.通过学习，渗透绘本阅读的一般方法，激发学生课外阅读的兴趣。

2.激发学生想象，引导学生看图说话，领悟比喻、对比、夸张的表达手法。

3.结合绘本和低年级学生的特点，进行图文并茂的创作；在阅读、表达和创作中感受母爱的伟大。

【教学重难点】

学习布朗抓住妈妈特点，并能通过恰当的方式突出妈妈特点的表达方法。

【教学准备】

绘本《我妈妈》，将整本书做成幻灯片，作业纸。

【课时安排】

1课时。

【教学过程】

环节一：谈话导入，激发兴趣。

同学们，我们每个人都有一个妈妈，请你们亲切地读这个词——妈妈。

我们用很多的诗句来赞美妈妈，如："谁言寸草心，报得三春晖。"我们还可以用歌声来赞美妈妈，如《世上只有妈妈好》。

今天，我们要学习的绘本和妈妈有关，题目叫《我妈妈》，一起读一读。

这本书的作者叫安东尼·布朗，《我妈妈》就是他专门为咱们小朋友创作的，英国《妇女界》杂志称"全天下的父母和孩子都会爱上它"。

【设计意图：营造温馨氛围，用孩子们熟悉的歌曲和诗句导入，激发学习兴趣，引出学习主题。】

环节二：读文赏图，感受内容。

介绍读绘本的方法：读文字、读图画。

第一组画面：

1.同学们，睁大你们的眼睛，请看第一幅图。这就是我的妈妈。你觉得这个妈妈怎么样？

2.出示第二幅图，遮盖一半，猜一猜：我妈妈是做什么工作的？（我妈妈是厨师。）我妈妈是手艺特好的大厨师。读这句话时，你一定很自豪，请读出自豪的感觉来！

3.我妈妈是个手艺特好的大厨师，也是一个很会杂耍的特技演员。"耍"这个字怎么记？和"要"进行比较，请写一写这个字。

4.她不但是个神奇的画家……你从哪儿看出她是个神奇的画家？

5.我妈妈原来是个娇小瘦弱的小女孩，后来，她成了我的妈妈，变得很……从图画来看，很（强壮）。

6.让我们记住这位能干的妈妈。（指名读：我妈妈是个手艺特好的大厨师，也是一个很会杂耍的特技演员。她不但是个神奇的画家，还是全世界最强壮的女人！）

7.这样，你还会读吗？

我妈妈是个手艺特好的（　　　），也是一个很会杂耍的（　　　）。她不但是个神奇的（　　），还是全世界最（　　）的女人！这样的妈妈，太（　　）。（个性表达）我们来夸夸她！（读）我妈妈真的很棒！（齐读）

第二组画面：

1.出示园丁图。

我妈妈是个有魔法的园丁，她能让所有的东西都长得很好。瞧瞧这幅图上，妈妈的什么最吸引你的注意？我妈妈是个有魔法的园丁，她能让小花盆里长出（　　）。衣服上长出……头发上长出……作者安东尼·布朗说的，一点也没有错：我妈妈是个有魔法的园丁，她能让所有的东西都长得很好。（师生合作读）

2.仙子图片：孩子们，这是一位好心的仙子，这位仙子就是我的（妈妈）！

3.天使图片：妈妈在干什么？为什么说妈妈像天使？

4.狮子图片：哎？妈妈呢？你从哪里看出来？为什么妈妈会变成狮子呢？你的妈妈有过这样的时候吗？（吼起来像狮子一样凶猛。）比较自然界当中的狮子和妈妈变的狮子，你有什么发现？（图片对比）

5.回忆我们刚看过的内容：

我妈妈是个有魔法的园丁，她能让所有的东西都长得很好。她也是一位好心的仙子，我难过时，总把我变得很开心。她的歌声像天使一样甜美，吼起来像狮子一样凶猛。

我妈妈棒不棒？看完第一组图片，我们说，妈妈真的很棒！现在你有没有觉得，我妈妈更棒了？一起来读安东尼·布朗夸妈妈的话：我妈妈真的、真的很棒！

第三组画面：

1.接着看，妈妈还棒在哪里？

（蝴蝶图）（沙发图）

用这样的句式：我妈妈像（　　）一样（　　）。

（猫咪图）（犀牛图）

有时候，又像（　　）一样（　　）。

2.回顾刚才我们看过的几幅图：

我妈妈像蝴蝶一样美丽，还像沙发一样舒适。她像猫咪一样温柔，有时候，又像犀牛一样强悍。

现在，你来说说她怎么样？（我妈妈真的、真的、真的很棒！）

3.教师创设情境，指导朗读。

【设计意图：通过朗读和互动，帮助学生们理解故事情节，让学生们进行语言的训练、表达、积累，不着痕迹地进行绘本阅读方法的引领：读文字、读图画。在有效的言语训练和语言所创造的情境中，学生们走进故事，亲近文本，感受妈妈的爱与伟大。】

环节三：升华，挖掘文字里的爱。

1.为什么你们夸妈妈夸得这么动情、这么真诚，那是因为在你们的心里有一种感情，那是对妈妈的什么？（板书"爱"）

2.妈妈在干什么？妈妈扮的小丑和一般的小丑有什么不一样？

3.出示有爱心的PPT。

4.原来书中有这么多爱心！只要有妈妈，就会有爱。

5.请拿出笔来，把你对妈妈的爱写下来，一句话或两句话都可以，可参考以下格式：

我妈妈是个（　　　）的（　　　），也是个（　　　）的（　　　）。

我妈妈像（　　　）一样（　　　），也像（　　　）一样（　　　）。

【设计意图：通过引导学生观察细节，帮助学生深入理解妈妈的形象。在模仿和创造环节，深化了主题，升华了情感，学生在触摸和诵读这些滚烫的文字时体会到母爱，激发学生对妈妈的爱与感恩。】

环节四：回味，享受爱的回流。

1.同学们，将你们今天的创作汇集在一起，在美术课上，再给文字配上图画不就是我们自己创作的一本绘本吗？

2.（屏幕上出现一幅图）同学们，这是我们这册绘本最后的画面，你们听——我爱我妈妈，你知道吗？

师：你看我的两只小手最后扑向了妈妈！我爱妈妈，你知道吗？你知道什么？看图画，两颗红红的爱心出现在妈妈的脸上！

师：原来，她也爱我，永远爱我！

3.安东尼·布朗创作了《我妈妈》，还有《我爸爸》《我哥哥》，同学们可以找到这些绘本，好好读一读，用我们天生就是细节发现者的眼睛和细腻的心去发现文字和图画里包含的浓浓的爱和人间最美好的亲情！

【设计意图：在本课的最后，教师运用图画、音乐进行渲染，配以老师动情的讲述和学生稚嫩的画外音，将情感推到了一个制高点。最后，鼓励学生们再去读安东尼·布朗的其他绘本，让学生们带着对阅读的感悟，带着从本节课习得的阅读方法，从课内走向课外，走向更加广阔的未来。】

四、初中道德与法治教学设计案例

以人教版《道德与法治》七年级上册第九课第二框《增强生命的韧性》为教学对象，张琴老师教学设计的主要特色是：

第一，激"趣"。

在日常生活中，学生对挫折的认识是：挫折都是不好的，是贬义的，所以本课的教学重点就是正确认识和看待挫折。本课在导入环节通过互动设备中的"小测试"，较好地激发了学生的兴趣。

第二，激"行"。

根据七年级学生的心理特征及其认知规律，采用自主合作探究法、情境体验法等教学方法，立足于学生动手"试"和讨论"学"，放手让学生自主学习，让学生主动地参与知识形成的整个思维过程，力求让学生在积极、愉快的课堂氛围中认识自己的意志品质，掌握磨砺坚强意志品质的方法，从而达到预期的教学效果。

《增强生命的韧性》教学设计

设计者　张　琴

【教材分析】

本课内容选自人教版《道德与法治》七年级上册第九课第二框。本课所依据的课程标准是"成长中的我"之"认识自我"。具体对应的内容标准是："客观分析挫折和逆境，寻找有效的应对方法，养成勇于克服困难和开拓进取的优良品质""主动锻炼个性心理品质，磨砺意志，陶冶情操，形成良好的学习、劳动习惯和生活态度"。

【教学目标】

1.了解挫折的含义，知道如何正确对待挫折，知道生命是有韧性的，学会发掘生命的力量。

2.学会调控自己的情绪，能够自我调适、自我控制，正确对待挫折。

3.提高承受挫折的能力，能够发掘自身的生命力量。

4.体会挫折面前生命的韧性，培养勇于克服困难和意志坚强的人生态度。

【教学重难点】

重点：正确认识和看待挫折。

难点：如何发现和发掘生命的力量。

【教学方法】

探究法、讨论法、讲授法。

【教学准备】

学生预习新课；教师准备课堂素材、课件、一张 A4 纸、一个硬币、一片叶子、一个苹果、一个柚子。

【课时安排】

1课时。

【教学过程】

环节一：导入新课。

"透过表象看本质"：发布"投票"小测试——"你不能忍受的3件事"，通过"互动报告"了解学生的不同选择。

【设计意图：通过小测试设置情境，让学生感受生活中由失望、遇到阻碍等产生的情绪，体会生活中的挫折。】

环节二：推进新课。

这些只是生活的一小部分，我们把这些事统称为挫折。在生活中遇到挫折，可能会产生痛苦等不良情绪，所以你觉得某事让你有不好的情绪，这是正常的。

提问1：你从测试中看出什么门道了吗？

引导：挫折因人而不同，有的人认为不是事儿，有的人心里过不去，人在不同时期对同一个挫折的认知也不同。

这个小测试是同学们在生活中常发生的不如意的事。生活中的挫折是我们成长的一部分。

提问2：挫折为什么因人而异呢，人和人有什么不同呢？

【设计意图：通过师生对话，理解挫折的三个方面，并认识到对挫折的认知是关键因素，从而树立正确对待挫折的意识，学着从积极的角度调整自己遇到挫折的心态和情绪。】

展示一张A4纸、一枚硬币和一个苹果。请学生依次演示纸张承受硬币和苹果的重量。

提问1：如果你是这张纸，你该怎么办？

引导：逃避；找更多的纸；折一折……

逃避不了，即使逃避，还会绕到苹果这里，例如学习，现在逃避学校学习，将来还会换一种方式回到你面前。

我们每个人都有自己的承受力，例如"硬币"那样的挫折我们不惧怕，战胜之后积累经验，变成一道道折痕等待撑起更大的重量，感激生命，感激每一次经历，这些经历都给这张纸增加了力量。

【设计意图：通过接触性活动调动学习氛围，激发学生的兴趣，也通过动手操作，培养学生遇到问题积极思考、解决问题的意识，体会战胜挫折的途径以及挫折对每个人不同的作用。】

提问2：挫折是不是越多越好？

展示图片：唐伯虎和王阳明。

挫折对每个人的作用不同，取决于每个人对挫折的认识，没有抬起脚，被它绊倒了，挫折就是绊脚石，你踩上去，挫折让我们站得更高，它就是垫脚石。挫折到底是绊脚石还是垫脚石，不取决于这块石头，取决于我们怎么定义它。战胜挫折，摆脱"墨菲定律"才是增强生命力量的办法。

提问3：如果你现在如"纸被苹果压"而没有足够多的折痕，怎么办？

那就回想曾经战胜挫折的经验，把能量放大好几倍，就像这张A4纸，把这些折痕的力量聚集在一条棱上，这就叫坚强的意志。

播放视频：《董老师谈"定力"》。

【设计意图：希望学生理解视频内容，挫折对积极乐观的人来说是一种积累，但不代表越多越好，在挫折面前要发挥人的主观能动性，学会预见和排查，规避可能发生的不利和不顺，从而增强生命的力量。】

拿出一个柚子。

提问4：如果我拿出这个，敢问阁下又当如何？

引导：学会向他人求助。

提问5：别人为什么帮你？

引导：你曾经的对别人的关怀换来的；别人敬畏生命，主动关心你。

【设计意图：通过再设情境，考查学生的应变能力和处理能力，以课堂生成让学生认识到生活中的挫折层出不穷，我们要有勇气和胆量去应对和尝试，在失败和战胜挫折中增强生命的韧性。课堂生成可能有也可能无，如果无，坚强的意志通过板书绘画展示。】

无论是哪种原因，你不是一个人生活在这个地球上，你身边有爱你的人、在乎你的人，在你需要的时候，珍爱生命，积极寻求帮助，绽放生命的力量，释放生命的精彩。

环节三：结束新课。

让学生自己梳理本课知识，通过"互动报告"了解学生学习情况。

播放视频：《生活中的刁难》。

通过归纳总结，帮助学生梳理本课重难点，形成对"挫折"的完整知识体系。

【作业设计】

梳理课堂笔记；完成基础训练；拟一个本学期最大的挫折，以及战胜它的办法和战胜它的时间规划。

五、初中物理教学设计案例

以沪科版《物理》九年级第十三章的内容《物质的比热容》为教学对象，胡仓兵、俞婷婷老师教学设计的主要特色是：

第一，以核心素养为导向，驱动真实学习发生。

核心素养导向下的单元教学目标是让学生在真实情境中会学习、会思考、会探究，养成求真务实的科学态度。让学生亲身体验，感知知识源于生活。开展循序渐进的学习任务，由任务产生学习需求，实现了"真学习""真做事"的学习过程。

第二，以问题嵌入为特征，循序递进开展教学。

在课时设计时，将"课时内容"分解成若干任务，任务由系列活动组成，活动与活动之间有内在的逻辑递进关系，在活动中设计问题串，以问题嵌入为特征，以任务驱动为动力，开展探究学习，学生在不断解决问题的过程中生成新的问题，问题间有着逻辑关系，也为下一个学习活动提供依据或指导，实现教和学的循序递进。

第三，以"评价先行"为原则，实现"评、学、教"一体化。

单元教学设计策略强调"评价先行、以评促学"，单元学习目标清晰，评价先于教学设计且指向学生的深度学习，其设计理念指向学科核心素养，评价不再是教师的"专利"，而是将评价融入教学活动，依据学生的学习目标动态生成。评价与教学相辅相成，伴随着"学"与"教"的全过程，从而实现"评、学、教"一体化。

《物质的比热容》单元教学设计

设计者 胡仓兵 俞婷婷

【教材分析】

《物质的比热容》是沪科版《物理》九年级第十三章的内容，它是学生在学习温度、内能和热量等概念的基础上，进一步探究物质吸热本领与什么因素有关。科学构建比热容的概念是解释许多热现象的基础，有利于帮助学生形成物质观念和能量观念，为后续运用"能量观"分析、应用物理知识打下基础。

《物质的比热容》是《义务教育物理课程标准（2022年版）》"内能"中的内容。这部分内容的设计旨在引导学生从物理学视角认识比热容，帮助学生发展推理论证能力及交流合作能力，引导学生了解我国古代和现代的相关科技成就，领会中华民族的智慧，培养学生的科学态度和实现中华民族伟大复兴的责任感与使命感。

【学情分析】

学生虽有一定的生活经验，但认识仍局限于表象，对于抽象的"比热容"概念的构建尚有困难。教学中考虑到学情，采用创设情境和设置进阶式问题串的方法，以任务驱动方式逐步引导学生设计探究方案，分析数据和构建科学概念。

本单元在"如何比较物质的吸热本领"这一问题的统领下，对教材进行重构。"比热容"对学生来说是陌生的概念，因此，教师首先要回答"比热容是什么""为什么要学比热容""怎样学比热容"三个问题。只有了解了学生的学习需求，才能制定精准的学习目标，并针对不同学习目标设计与之匹配的学习评价，有什么的评价就有什么样的教学策略，从而形成"评价为先—以评促学—以评促教"的单元教学策略。

【教学目标】

1.课时目标。

依据课标和学情，设置课时目标如下：①了解比热容的概念、单位，会用比热容解释一些简单的自然现象。②通过动手操作和实验探究，使学生经历基本的探究过程，学习科学探究的方法。③会运用所学知识解释与生活联系紧密的自然现象，感悟科学技术和社会的相互联系。

2.学法与教法。

采用"循环递进式"教学法，通过对比、实验、建模开展教学，以情境导入、任务驱动、问题嵌入、活动贯穿的方式，促进深度学习，实现思维进阶。

3.学习环节。

秉着"评价先行，以评促学"的教学理念，将学科核心素养要素贯穿于教与学的过程中，逐层递进、螺旋上升，由现象到本质，再由本质解释现象，引发学生深度学习，促进学生思维进阶。

【教学过程】

环节一：创造情境，引发认知冲突。

知识源于生活，真实的生活情境对教学起到良好的催化剂作用。课前自制"水沙模拟演示仪"，学生体验水和沙的温度，并观察数字温度计的变化。设计问题串：①说一说你的感受？②为什么在同样的热源照射下，沙子的温度比水的高呢？利用问题串激发学生学习的兴趣，引导学生思考：物体升高的温度与种类是否有关？

【设计意图：真实的问题情境，引发"认知冲突"，激发学生的求知欲，通过"问题串"，将问题由浅入深地分层呈现，为探究"比热容"创造条件。】

环节二：提出问题，寻找内在关联。

展示烧水情境，引导学生思考：吸收热量与哪些因素有关？

思考：

问题1：烧开一壶水和烧开半壶水，哪一个吸收的热量多？

问题2：把一壶水加热和烧开，哪一个吸收的热量多？

问题3：加热等质量的水和沙子，升高相同的温度，哪一个需要的热量多？

【设计意图：通过问题串引导学生思考，使学习目标显性化。在教学中借助于智慧平台，利用大数据适时分析功能，增加数据的效度，将学生的认识由感性猜测上升到理性分析。】

环节三：实验探究，借力云端分析。

没有探究的物理教学，是缺乏生命力的教学。单元教学赋能学生进行实验探究，按照学生的认知规律设置器材选择、方案讨论、数据记录和处理等环节，同时借助智慧课堂互联互通功能，深度融合实验探究各个环节，达到规范科学的实验操作和精准的数据分析。

学生设计方案：以什么为研究对象？控制哪些量不变？如何测量变量？在讨论过程中再对问题细化：①如何给水和油加热？②如何控制吸收的热量相同？③如何测量吸收的热量？学生讨论、交流，形成问题链。

【设计意图：在方案交流环节，设置追问：①选择什么做热源？②有什么要求？③如何测量温度？在学生讨论的基础上，器材确定为电热源和温度传感器，优点是能同步呈现温度变化图像，让物理规律可视化。】

环节四：构建模型，总结科学规律。

教学的魅力在于通过科学的方法让无序碎片化的知识形成有序完整的学习故事。"探究不同的物质吸热升温"实验是比热容概念建构的重要组成部分，利用智慧平台呈现实时数据图像。

（图像略）

思考：图像中哪一条曲线代表"容纳热量能力"强呢？从两个视角进行分析：第一，升高相同的温度，水的加热时间更长，吸收的热量也更多，因此，水的容纳热量能力更强。第二，吸收相同的热量，油的升温更高。推理可知：等质量的水和油要升高到相同的温度，水必须加热更长的时间，即吸收的热量更多，同样可以说明水的容纳热量能力更强。依据图像分析，初步让学生理解比热容即比较热量的容纳能力。

【设计意图：为了全面而客观地了解学生物理学科核心素养的发展状况，教师将评价贯穿于教学的各个环节，在实验探究中设计评价量表。】

环节五：类比迁移，形成物理观念。

为了帮助学生形象地理解"容纳热量能力"，思考：①有甲、乙两个粗细不同的容器，往里边加水，当升高到相同的水位时，哪个桶水量多？②哪个容器容纳水量的能力强呢？采用类比的方式，将热量比作液体量，将温度变化比作水位变化，将对液体的容纳能力比作对热量的容纳能力。

【设计意图：学生对"比热容"虽有了解，但受思维限制，构建比热容的概念存在困难。为了构建概念，突破学生的思维局限性，需要增加感性认识，促进思维进阶。在教学中呈现实例，得出比热容的计算式。通过类比迁移建立物理概念，理解规律，领略物理学习之乐。】

环节六：实践应用，分享智慧成果。

物理观念形成的标志是能灵活运用物理模型解释物理现象和解决实际问题。学生通过小组讨论，尝试利用水的比热容大的特性解释生活现象，并将结果分享到智慧平台的提问板块，师生互评。

【设计意图：选择学生感兴趣的实例，借助"智慧云"展示，既让真实情境一以贯之，又体现"生活到物理，物理到社会"的课程理念。】

环节七：课堂反馈，知、情、意、行合一。

为了完善学生的认知结构，展示螺旋式学习图，设置疑问，通过师生合作的方式引导学生进行小结：（1）这节课你学会了什么？（2）在学习过程中你有哪些收获？还有什么疑问？

【设计意图：单元学习的优势在于不断提升与完善学生的认知结构，通过展示螺旋式学习图，引导学生反馈。螺旋式学习图包括概念构建、规律形成、现象解释等，以提升学生学科素养，实现知、行、意、行合一。】

【板书设计】

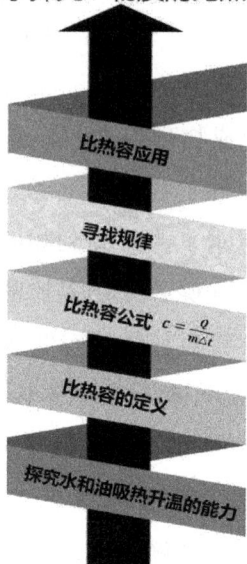

【设计意图：板书设计展现了本节课的教学思路，从实验中构建比热容的概念，再应用比热容解释生活中的现象，体现了类比、转化、归纳、应用、提升的深度学习过程。】

六、初中体育教学设计案例

以人教版七年级《体育与健康》（全一册）教材中第1章第5节的内容《勇敢面对挫折和困难》为教学对象，葛新成老师教学设计的主要特色是：

第一，案例导入，变素材为教材。

将学生真实案例导入，利用学生自己的故事实录引入教学内容。改变传统的教学模式，在课的设计阶段就让学生参与其中，寻找素材，将素材内容与教学内容紧密结合，让学生在"素材"中探索、体验、感悟，从而获得成长、成才的养分。在教学中由教授变为引导，层层推进，用发生在他们身边的故事来引导他们。

第二，以生为本，实施有效讨论。

在本单元的教学中，教师会引导学生进行自主学习，目的是要把学生被动学习的方式，变为主动探索、主动学习、合作探讨等新的学习方式。通过观察、对比、讨论、说一说、练一练等手段把学习到的知识、技能运用到实践教学中，来解决实际问题。活动的方式轻松、活泼、多样，尽可能与学生的生活和其他学科知识相联系。提示的答案可以有多种，不一定是唯一的，有的没有标准的结论与答案，让学生找到最适合自己的方法。

第三，媒介辅助，丰富学习形式。

充分运用现代多媒体技术，结合室外教学课，主要是要让学生参与其中，播放视频、图片展示、PPT展示、个案分享等方式，让学生以小组合作的方式完全参与课堂环节，让学生带着问题和极大的兴趣进行学习。

《勇敢面对挫折和困难》教学设计

设计者 葛新成

【教材分析】

《勇敢面对挫折和困难》是人教版七年级《体育与健康》（全一册）教材中第1章第5节的教学内容，是关于中学生青春期面对挫折和困难、情绪调节的，初中阶段学生正处于青春发育期，诸多心理问题困扰着他们，使之容易情绪冲动，很不稳定。在这种背景下，编者结合实际，引导学生正确对待困难，培养学生良好的意志品质；对本课内容的学习，能够使学生正确对待困难，认识到调控情绪、培养健康情绪的重要性，并能够结合客观因素，选择适合自己的调控情绪的方法，勇敢面对挫折和困难。

【学情分析】

七年级学生年龄一般集中在12—13岁。在这个年龄段，学生身体快速发育，思维活跃，接受新事物能力最强，自主学习能力不断提高，对事物喜欢发表自己的观点，讨论积极，教学中的分组讨论、评价都能很好地完成。但这个年龄段的他们心理素质不稳定、容易冲动、自控力不强，而且好表现自己，容易大声喧哗，需要教师在教学中采用灵活多样的手段及时引导，特别是要注重学生课上的表现，确保教学活动顺利进行。同时，随着年级的增长，学生面对的学习负担与压力不断增大，学习与生活的困惑越来越多，同时逆反心理增强。此时，学生较容易出现一些不良情绪，所以如何帮助学生调控情绪，从而勇于面对挫折和困难，是促进学生健康成长的重要因素。

【教学目标】

1.通过本堂课的学习，98％以上的学生了解了体育学习和锻炼中挫折和困难产生的原因。90％以上的学生能正视挫折与困难，并积极面对，保持良好的情绪。

2.学生通过本节课中的自主学习、课堂体验、小组合作探究等学习方式，在快乐中学会在体育锻炼过程中如何培养意志品质，并提高合作学习能力。

3.帮助学生掌握自主发现、自主探索的学习方法，培养学生的主动参与意识，促使学生养成良好的意志品质，学会调控情绪的方法

【教学重难点】

重点：了解在体育学习与锻炼中挫折和困难产生的原因。

难点：学会在体育学习和锻炼中积极面对挫折与困难，保持稳定、积极的情绪。

【教学方法】

多媒体辅助教学、案例分析、自主学习、小组讨论、提问法、实践操作法。

【教学过程】

环节一：导入新课。

播放大赛视频（800米比赛），联系学生实际跑中长跑的情况（实际

测试中的跑步场景），从自身感受出发，将学生带入学习。

【设计意图：通过视频导入学习，能够吸引学生的注意力，激发兴趣、产生共鸣，同时能够让学生形成正误对比，强化学生对技术细节的认知。】

环节二：教学活动。

活动一：理解意志。

找出自己成功与失败的原因。（学生讨论，教师巡视）

（1）什么是意志？（教师讲解）

意志是推动个体积极主动地进行活动的强大动力，是人在学习、工作和生活中取得进步和成功的基础。（坚持）

（2）意志有坚强的一面，也有脆弱的一面。良好的意志都表现在哪些方面？（学生讨论、发言）

（3）良好的意志包括哪些方面？（教师讲解：自觉性、果断性、坚韧性、自制性）

教师小结：意志坚强的人，在困难面前目标明确，勇往直前；在复杂的环境中，冷静而判断准确，处事果断；会自我控制情绪，胜不骄、败不馁；有顽强的精神、百折不挠的毅力，运用科学的方法，在能力范围内选择坚持。

【设计意图：通过学习让学生认识到良好的意志品质在运动中是至关重要的，能够提升运动表现，培养自律与责任感，增强心理韧性，促进身心健康。】

活动二：测一测自己的意志。

1.学习成绩不理想、没有机会显示自己的才能。（坚韧性）

　A.放弃努力

　B.降低自己的目标、放弃展示自我的机会

　C.继续努力

2.中长跑感到腿脚酸、呼吸困难。（意志力）

　A.停止练习

B.减速并试图减少跑动距离

C.努力坚持跑完

3.篮球比赛时受到对方阻拦。（果断性）

A.犹豫不决

B.听从队友指挥进行运球、传球或投篮

C.根据场上情况，果断选择运球、传球或投篮

4.学校规定的冬季长跑，班主任或考勤员不在场。（自觉性）

A.不参加锻炼

B.看其他同学情况来定

C.正常进行锻炼

教师出示标准，学生勾画选择。通过上述测试，学生了解自己意志品质的不足之处。

【设计意图：通过测一测活动，学生更充分地了解了自己目前在运动中的表现情况，为后期培养自己良好的意志品质、提升运动技能打下心理基础。】

活动三：如何形成良好的意志品质。

1.树立正确的目标，从小事做起，善于管理自己，主动在逆境中锻炼自己。

（1）你喜欢什么体育活动？

（2）你是如何通过体育活动磨炼自己的意志品质的？（小组讨论，教师巡视指导，各小组推选代表发言。）

2.根据学生的回答，教师介绍具体的方法，激发学生主动地磨炼自我意志。

3.教师小结：坚强的意志是我们克服困难和战胜挫折的有力保证。其实，克服困难和战胜挫折正是培养坚强意志品质的好机会。此外，还需要根据自己的情绪状态恰当地调适自己，调节不良情绪，这样才能将困难和挫折变成前进的动力。

【设计意图：通过对本知识点的学习，有助于学生在体育锻炼中取得

优异成绩，还能为他们的全面发展和未来生活奠定坚实的基础，通过科学的引导和持续的实践，学生将会逐渐形成自律、乐观的品质。】

活动四：丰富多样的情绪。

在体育锻炼、学习、生活中，没有遇到过挫折，或身处逆境的时候，你的情绪是怎样的呢？（学生发言）

1.学生观看图片，教师引导学生认知各种情绪。

2.在观看图片的基础上，学生归类消极情绪与积极情绪。

3.理解情绪的内涵。（教师讲解）

情绪是指人们对客观事物的态度体验。心理需要得到满足时，就会产生积极的情绪，如高兴、喜欢等；心理需要得不到满足时，就会产生消极的情绪，如悲伤、痛苦、愤怒等。

【设计意图：人的情绪是丰富多样的。通过学习，学生会清晰地认识情绪的类型、形成的环境及不同情绪对我们的生活产生的影响。】

活动五：学会调节情绪。

1.教师列举学生的事例（篮球赛），引导学生了解情绪对人的影响。

2.请学生说出自己在学习生活中的烦恼并讨论如何解决这些烦恼。（小组讨论，教师巡视指导，各小组推选代表发言。）

3.调节消极情绪的方法有哪些？（教师讲解调节情绪的方法：表象调节法、呼吸调节法、宣泄调节法、暗示调节法、活动调节法、表情调节法。）

环节三：总结与归纳。

1.小测试。教师让学生复述前面小结的内容，加深印象。

2.小组讨论并选出代表进行学习心得交流。

【设计意图：通过学习，让学生认识到正确调节情绪，对个人的身心健康、人际关系、学习及生活质量具有深远的意义。引导学生在遇到困难时，运用科学而有效的手段和方式方法，调节自己的情绪，做情绪的主人。】

【作业设计】

制订一份中长跑锻炼计划（根据个人目前的水平）。

七、初中地理教学设计案例

以《美化校园——以芜湖市第十一中学城东校区初中部为例》为教学对象，狄倩老师教学设计的主要特色是：

第一，考察校园环境，绘制校园平面图。运用所学的地图知识辨别方向、识别图例，了解校园内的主要功能区和景观。能够利用比例尺计算绿地面积，培养学生的区域认知和地理实践能力。

第二，开展校园调查，学习观察植物的方法，设计植物调查表，培养学生的地理实践能力。

第三，综合运用生物、美术等跨学科知识，分析校园用地结构和功能布局的优劣，培养学生的综合思维和人地协调观。

第四，从美学角度、实用性角度对校园用地、布局进行优化设计，呈现校园美化方案，增强学生热爱学校的情感，培养学生的审美情趣。

《美化校园——以芜湖市第十一中学城东校区初中部为例》教学设计

设计者 狄 倩

【教学目标】

1.考察校园环境，绘制校园平面图。

2.开展校园调查，学习观察植物的方法，设计植物调查表。

3.综合运用跨学科知识，分析校园用地结构和功能布局的优劣。

4.从美学角度、实用性角度出发，对校园用地、布局进行优化设计，培养学生的审美情趣。

【教学重难点】

重点：

1.校园平面图的绘制。

2.校园美化方案的设计。

难点：

1.考察校园环境，在实践中理解地理环境对校园布局的影响。

2.如何将地理、生物、美术等跨学科知识融合起来，优化校园设计方案。

【教学方法】

小组合作、实践探究、多媒体辅助教学。

【教学课时】

1课时。

【教学过程】

环节一：走进情境，引入课题。

播放芜湖市第十一中学城东校区初中部航拍视频，了解学校环境，引入本节课的课题。

讨论：还可以通过哪些方法了解学校的位置、环境？

【设计意图：通过播放学生所在的芜湖市第十一中学城东校区初中部航拍视频，能够迅速吸引学生的注意力，让他们直观地看到熟悉的校园环境，从情感上拉近与本节课的距离，激发他们对"美化校园"这一课题的探究兴趣，因为这与他们的学习生活密切相关。讨论"还可以通过哪些方法了解学校的位置、环境"这一环节，旨在引导学生从不同角度思考问题，拓宽学生获取信息的途径，转变思维方式。】

环节二：实践探究，任务引领。

任务一：考察校园环境。

活动1：绘制校园平面图。

展示芜湖市住建局规划设计图，指导学生参考该图及实地测量数据绘制校园平面图，明确方向、比例尺、图例，提示绘制方法、工具不限（手绘、电脑制图皆可）。引导学生阅读校园平面图，根据比例尺计算校园的各类绿地面积，填写校园绿地面积情况表。

【设计意图：参考官方规划设计图与实地测量数据来绘制，能让学生将理论知识与实际操作相结合，掌握空间布局的表现方法，明确方向、比例尺和图例等要素，提升学生的观察力、测量能力、绘图能力以及对空间关系的理解能力。无论是手绘还是电脑制图，都给予学生自主选择工具的机会，培养学生运用不同技术手段解决问题的能力和创新思维。】

活动2：调查校园植物。

介绍"形色"App，指导学生利用App识别校园植物，分组调查植物种类，填写植物种类调查表。

组织学生制作"拾秋"花叶书签和植物资料卡片，并指导学生将卡片悬挂于相应植物上。

【设计意图：利用"形色"App进行植物调查，提高学生的信息收集和处理能力，引导学生分析校园绿化的优点和不足，培养学生的观察、分析和批判性思维能力，让学生了解校园绿化与地理、生物等学科的联系，增强学生对校园环境的认同感和责任感。】

活动3：引导学生发现校园绿化中的优点，展示香樟树、亲水植物美人蕉、栾树、棕榈树、无患子、植物立体种植等相关图片及资料，组织学生进行分析和讨论，填写调查表。

活动4：引导学生寻找校园绿化中的不足，展示棕榈树旁的杜鹃、围墙边的桂花树枯萎情况，呈现校园植物种类统计对比、狮子山校区林荫道和水池喷泉等图片资料，组织学生进行分析和讨论，填写调查表。

【设计意图：通过探寻植物枯萎的秘密、对比不同校区植物种类以及观察其他校区的绿化优势等活动，让学生发现校园绿化存在的问题，培养学生的批判性思维和解决实际问题的能力，激发学生想要改进校园绿化现状的意愿，为后续提出校园美化方案奠定基础。】

任务二：提供校园环境改进方案。

活动1：对校园绿化提出改进意见。

组织学生根据课前布置的小调查，讨论为学校增加植物的建议，并在校园平面图中规划增加绿地和景观，描述其位置。

活动2：组织学生讨论除已有的绿地、教学楼、操场等外，还希望学校增加哪些功能区？（如娱乐区、阅读区、种植区等）

【设计意图：通过引导学生提出校园环境改进方案，培养学生的创新思维和实践能力。让学生从自身需求出发，思考如何优化校园环境，增强学生对校园环境的参与感和责任感。】

任务三："美化校园"我们在行动。

活动：组织学生进行校园卫生大扫除、班级环境布置，绘制"美化校园"设计图，为教学楼前草地设计美化方案。

【设计意图：让学生亲身参与校园环境的清洁工作，使其深刻体会到维护校园整洁的重要性，培养学生的劳动意识和责任感。通过学生自主进行班级环境布置，能够充分发挥学生的创造力和想象力，展示班级特色和学生的个性风采。增强跨学科知识融合与应用：整个任务涉及地理（校园方位、气候与植物生长环境）、生物（植物种类、生长习性）、美术（绘图、书签制作）、信息技术（使用 App 识别植物、电脑制图）等多个学科的知识和技能，让学生在实践活动中体会到不同学科知识之间的联系与融合，提高学生综合运用知识解决实际问题的能力，促进学生的全面发展和核心素养的提升，使学生能够以全面、系统的视角来思考和规划校园美化方案，将所学知识真正应用到实际生活场景中。

【板书设计】

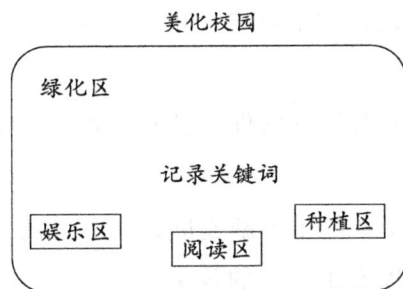

美化校园

绿化区

记录关键词

娱乐区　阅读区　种植区

八、初中英语教学设计案例

以译林版《牛津英语》第六单元第一课时的内容"Food and lifestyle，Welcome to the unit"（"食物和生活方式"导入课）为教学对象，教师在教学设计时，一步步引导学生从吃自己喜欢的食物到吃健康的食物再到如何保持健康。结合教学内容和学生情况，教师在教学过程中运用了智慧课堂教学模式，营造了情境性、参与性、互动性、创造性、跨学科性的课堂，其特色如下：

第一，以生为本，辅以教师点拨。

本节课围绕学生熟知的话题——食物展开，按照由词及句的语言输入顺序再到读听说写的学习顺序，把学生的学习需求放在第一位。导入环节以激发学生的学习兴趣为目的，语言输入环节以帮助学生掌握词句为目标，语言输出环节以鼓励学生表达与创造为核心，不断引导学生主动学习、合作学习和创新学习。在课堂活动中，学生为学习主体，教师给予言语指导，学生动手操作，真正成为课堂的主人。

第二，以英语学习活动观为指导，逐步提升学生学科核心素养，凸显教、学、评一体化。

本节课遵循学习理解—应用实践—迁移创新的英语学习活动观，由导入至作业布置，每个环节紧密相连，相辅相成。每个教学活动的设计既使用了智慧课堂的各式活动，又以提升学生的学科核心素养为目标。同时，在课堂上教师邀请学生投票、相互评价等活动，引导学生成为评价活动的参与者。

第三，合理运用智慧课堂软件，及时获得活动数据，精准推送课后练习。

借助畅言智慧课堂，师生电脑连屏，学生能更加便捷地了解课堂中的每个活动，有效地提升了课堂的效率。此外，本节课运用了智慧课堂中的连线、语音测评、分类、即点即读、选词填空、投票、教学视频、讨论、自由出题等功能，教师能够得到课堂活动的及时反馈，如学生是否完成活动，得分率怎样等，了解学生对知识技能的掌握情况。活动报告也为教师调整教学设计、布置作业、推送精准练习等提供了珍贵的资料数据，提升了课上学习和课后巩固的质量。

第四，电子互动，寓教于乐。

与传统课堂中师生言语或行为互动不同的是，智慧课堂提供了一个电子平台，学生在此平台上完成生动有趣、类型多样的活动，教师也能够得到及时的反馈。同时，在投票、讨论、自由出题等环节中，学生能够参与课堂评价，点赞其他学生的回复，鉴赏其他学生的回答等，不仅增加了学习的乐趣，也促进了不同学生不同想法的碰撞。

第五，综合听、说、读、写、看，注重语用。

这节课涵盖了听、说、读、写、看五个技能的训练。课中，听对话，编对话，读单词，写一餐，看图片，看视频，在40分钟的课堂时间内锻炼了英语语言学习的五大技能。课后作业也侧重对读、写、说技能的训练。课中的语言输出活动有两个：编对话和设计一餐，这都是日常中使用频繁的话题。课后作业亦培养了学生运用语言解决问题的能力。

第六，AI支持，多师授课，多学科助力。

本节课引入了"文心一言"，AI机器人依依是课堂小助手，师生与AI对话，体现了人工智能在学科教学中的运用。同时借助国家中小学智慧教育平台和芜湖智慧教育平台上生物、体育和心理健康的优质资源，选取与本课题紧密相关的知识：如何健康饮食、如何合理运动以及如何应对悲伤等。在课堂上进行了跨学科知识的渗透，并将更细、更深的跨学科知识留到了课后，方便学生进行跨学科知识的融合。

Food and lifestyle，Welcome to the unit
（"食物和生活方式"导入课）
设计者　李　希　刘亚琴

【教材分析】

1.大单元视角下的本节课。

　　本节课为译林版《牛津英语》第六单元第一课时内容，是本单元的导入课。第六单元贴近学生日常生活，便于学生讨论交流。本单元包含如下内容：词汇、阅读、语法、听说、学习技能和写作。本节课为词汇课，课本上呈现了一些食物词、一篇讨论喜欢吃的食物的对话和一篇讨论健康食物的对话。结合本单元话题，教师可引导学生从吃喜欢吃的食物到吃健康的食物再到过健康的生活而展开学习。因此，课堂上会涉及一些跨学科（生物、体育、心理健康）知识。

　　2.与人教版相似话题单元的对比。

　　人教版《英语》教材七年级上册第六单元与本单元话题相近。但人教版《英语》教材中只包含了食物，本教材中增加了健康生活方式的相关内容，有助于学生形成完善的知识体系。

　　【学情分析】

　　七年级教材难度不高，与小学有衔接的部分。这一单元的话题是学生比较熟悉的，具有高度的可交流性。在这一阶段，学生拥有创造能力和参与课堂活动的积极性。此外，大部分学生有着智慧课堂教学的经历，能够比较熟练地操作平板完成各项学习任务。授课教师可以通过智慧课堂里的互动活动及时了解学生的完成情况，做到及时评价、及时反馈，并精准推送课后练习。

　　【教学目标】

　　1.语言能力。

　　在本节课结束时，学生能掌握以下单词和句型并合理运用：

　　单词：hamburger，pork，beef，chocolate，healthy …

　　句型：I like … It is good for … It is healthy …

　　2.文化意识。

　　在课堂上，学生能逐步认识到健康饮食、健康生活的重要性，了解保持健康的更多途径，以形成健康生活的意识。

　　3.思维品质。

通过课堂中一个接一个的活动，学生的分类与概括能力、小组合作能力、跨学科学习能力及创造能力将得到锻炼和提升。

4.学习能力。

经过本节课的学习，学生能运用所学词语与句型谈论自己喜欢的食物，判定食物是否健康，完成对健康饮食的设计。

【教学重难点】

重点：掌握目标词汇，能将不同的食物分门别类、鉴别食物是否有益健康、流畅地表达自己喜爱的食物及原因。

难点：了解保持健康的知识并掌握跨学科（生物、体育、心理健康）中与话题相关的知识；设计出合理健康的饮食。

【教学准备】

畅言智慧课堂、视频、图片，国家中小学智慧教育平台、芜湖智慧教育平台，文心一言（AI对话）。

【教学过程】

环节一：图文导入，激发学习兴趣。

介绍AI机器人依依和教师自己。教师请依依向学生问好，并提醒学生课上有问题可以找依依帮忙。（智慧课堂操作技术应用及分析：引入AI对话。）

学生在平板上将食物图片与对应单词连线。（智慧课堂操作技术应用及分析：利用连线活动展示教师喜欢的食物的图片，引入话题。）

【设计意图：介绍AI机器人，将人工智能辅助学科学习贯穿课堂始终。利用连线活动引入话题，激发学生的学习兴趣。】

环节二：学习理解，掌握关键词句。

学生观看书本上的食物图片。（智慧课堂操作技术应用及分析：视频呈现书本上的词。）

示范朗读，学生跟读。邀请一至两名学生进行语音测试，并对结果进行评价。（智慧课堂操作技术应用及分析：利用语音测评的示范朗读功能完成单词跟读。邀请一至两名学生进行语音测评。）

学生完成平板上的单词分类活动。（智慧课堂操作技术应用及分析：利用分类活动，完成对单词的分类。）

播放录音，学生在平板上完成选词填空。（智慧课堂操作技术应用及分析：使用即点即读功能，播放对话，学生在平板上完成选词填空。）

【设计意图：视频呈现书本上的食物词语，直观有趣。语音测评的示范朗读帮助学生熟悉目标词汇发音，为接下来的语音测评做好准备。两者体现了从感知积累到习得建构的语言能力素养发展过程。分类活动既为接下来的饮食设计（食物金字塔）打下基础，又落实了归纳与推断的思维品质素养。选词填空借助数字资源，锻炼学生在听力中获取细节信息的能力，也体现了选择与调整的学习能力素养。】

环节三：实践应用，进行初步语言输出。

小组编对话，讨论自己喜欢吃的食物。教师使用计时功能规定好准备时间。其间，学生有任何问题，都可以求助 AI 机器人依依或使用学生平板上的中英互译 App。（智慧课堂操作技术应用及分析：利用计时功能计划好小组活动的时间，使用中英互译或文心一言扫清表达障碍。）

邀请两组学生上台表演，其他学生投票选出自己喜欢的小组对话。（智慧课堂操作技术应用及分析：利用投票活动选出最受欢迎的小组，邀请学生参与课堂评价，增加学生课堂的参与感和互动感。）

【设计意图：小组编对话为初步语言输出活动，旨在引导学生将前一阶段的语言输入转化为日常的较简单的对话，这一活动落实了合作与探究的学习能力素养。投票活动邀请学生参与课堂评价，体现了"教—学—评"一体化，也增强了学生在活动中的互动感和参与感。】

环节四：迁移创新，实现进阶语言输出。

播放漫画视频，学生回答 4 个问题：他们想吃什么？为什么 Hobo 想吃苹果而不是汉堡？最后 Eddie 选择了吃什么？从 Eddie 的改变，我们能得知什么？（智慧课堂操作技术应用及分析：播放智慧课堂平台上的视频资源，引导学生从吃自己喜欢的食物向吃健康的食物转变。）

学生在平板上讨论自己知道的健康食物。（智慧课堂操作技术应用及分析：利用全班讨论活动，增加学生对课堂的参与度，并增加相关词汇量。）

邀请学生在平板上设计健康的一餐。设计前，向学生展示生物书本上的食物金字塔图片，提醒学生合理安排食物。（智慧课堂操作技术应用及分析：教师使用自由出题的题面批注功能，学生选择一餐进行设计。在设计前，引入生物课本中的食物金字塔图片，提醒学生关注每日所需食物。在设计中，教师使用屏幕巡视功能，了解学生完成情况。完成后，教师展示部分设计。）

【设计意图：讨论活动帮助教师获得活动参与度和学生答案，方便教师点赞正确答案，纠正错误答案。该活动便于落实乐学与善学的学习能力素养和比较与判定的文化意识素养。设计健康的一餐为进阶练习，借助自由出题活动，展示学生设计，以提高批判与创新的思维品质素养和合作与探究的学习能力素养。在设计前，生物学科知识的呈现有助于培养学生的跨学科学习能力。】

环节五：升华主旨，拓展话题深度。

学生在平板上讨论如何保持健康。讨论期间，就中学生一天该运动多长时间进行两次投票，一次在听体育老师建议前，一次是听建议后。就如何处理悲伤情绪，学生回答后展示心理健康教师的建议。（智慧课堂操作技术应用及分析：利用全班讨论活动，了解学生现有的关于保持健康的知识。学生投票选出中学生每天应运动多长时间，听完体育老师的建议（教师使用平板英语朗读功能呈现）后，再次投票以检测学生是否获得正确信息。）

邀请一位学生询问AI机器人依依怎样保持健康。（智慧课堂操作技术应用及分析：以学生与AI机器人对话进行话题总结。）

【设计意图：学生讨论如何保持健康，旨在拓展话题深度，帮助学生了解保持健康的更多方式。过程中融合了体育和心理健康学科的相关知识，有助于学生形成健康生活的意识和较完整的知识体系，以落实感悟

和内化的文化意识素养。】

环节六：因材施教，精准推送作业。

必做：巩固课上所学的单词和词组，包括发音、翻译和拼写。对那些在课堂活动中表现不佳的同学，教师会精准推送相关练习。

选做：

独立或小组合作制作健康主题的海报；

录制关于如何保持健康的演讲。

如果学生需要更多信息，可以观看国家中小学智慧教育平台和芜湖智慧教育平台上的生物、体育与心理健康学科的相关视频，加深对保持健康的了解。

【设计意图：基于单元目标、课时教学目标及新课标作业评价要求，教师将作业分为必做和选做两类，体现不同层次。必做作业为复习巩固类，旨在帮助学生巩固课上所学的词句，便于学生更好地应用词句进行日常话题的表达，提升语言能力素养。同时，教师结合课堂活动报告，精准推送相关练习给相关学生，体现了针对性和精准性。选做作业为拓展延伸类，设计海报或录制演讲，引导学生发挥学习潜能。选做作业可能会涉及对跨学科知识的应用。教师提供了国家中小学智慧教育平台和芜湖智慧教育平台上生物、体育和心理健康学科视频资源的网址，这样做有两个好处：一方面能够帮助学生了解这两个平台，为学生提供自主学习的可行途径；另一方面，帮助学生形成关于保持健康的系统性知识，使其受益终身。】

本章结语

学校依托课堂教学改革理论，形成和谐教学，打造"净雅"课堂。与新课程理念相匹配的中小学各科"净雅"课堂教学，让课改和教改相得益彰，让课堂焕发出活力。

第六章

实行"净雅"评价，促进学生发展

教育评价事关教育发展方向，有什么样的评价指挥棒，就有什么样的办学导向。要深入贯彻落实习近平总书记关于教育的重要论述和全国教育大会精神，完善立德树人体制机制，扭转不科学的教育评价导向，提高教育治理能力和水平，加快推进教育现代化、建设教育强国、办好人民满意的教育。

为落实深化新时代教育评价改革各项要求，芜湖市第十一中学城东校区不断创新评价方式方法。通过关注学生的典型行为表现，学校不断推进表现性评价，促进评价主体多元化、评价方式多样化。

第一节　学校探索培养目标及教育评价

为贯彻落实我国当前的教育精神，针对当地的实际情况，学校确立了分段培养目标，并且对教学评价予以积极探索，形成"净雅"评价机制。

一、学校分段培养目标的确立

《义务教育课程方案（2022年版）》完善了培养目标，全面落实了关于培养担当民族复兴大任时代新人的要求，结合义务教育性质及课程定位，从有理想、有本领、有担当三个方面，明确了义务教育阶段时代新人培养的具体要求，培养德智体美劳全面发展的社会主义建设者和接班人。

作为九年一贯制的学校，应根据学校具体的办学实际情况和发展需要，把国家规定的义务教育培养目标具体落实为学校自己的使命和愿景，在"三有"新人培养目标的基础上，突出小学或初中的学段特点，进行学校自己的毕业生形象设计，富有本校特色地规划未来作为社会主义建设者和接班人的学生在校学习期间所要培养的素质结构和关键素质，从而建立国家意志与学校特色相统一的学校培养目标体系，以此引领和统筹学校的教育教学工作。

除了毕业生形象设计，每个学段还应根据学段具体情况设定更为细致的学段目标，以便指导本学段的教育教学工作，凝聚学段师生心往一处想，劲往一处使，内化为教学和学习的使命与责任，发挥学段目标对于学校师生的导向作用、激励作用和评价改进作用。

我国义务教育除了小学和初中分段外，还有进一步按年级分段的做法，比如1—2年级为第一学段，3—4年级为第二学段，5—6年级为第三学段，7—9年级为第四学段。学段目标不同于科目课程目标，是超越具体科目的综合性发展目标，特别需要注意将学生的年龄特征和发展阶段进行综合考虑。学段目标要能够连贯、递进且有重点地提出本学段与其他学段相衔接的具体主题、任务和要求，以便帮助学生从一个学段顺利过渡到下一个学段。学校制定了"有理想、有本领、有担当"时代新人素养培养学段目标，参见表6-1。

表6-1　"有理想、有本领、有担当"时代新人素养培养学段目标

培养目标	培养目标分项	第一学段目标（1—2年级）	第二学段目标（3—4年级）	第三学段目标（5—6年级）	第四学段目标（7—9年级）
有理想	1. 热爱祖国、热爱人民、热爱中国共产党，学习伟大建党精神	认识国旗、国徽，知道自己是中国人；认识党旗，热爱中国共产党，积极加入中国少年先锋队；了解老一辈无产阶级革命家和英雄模范人物，对他们有崇敬之情	初步感知基本国情，为自己是中国人感到自豪；结合革命故事，知道没有共产党就没有新中国；热爱中国共产党，积极参加中国少年先锋队的活动	初步了解国情，形成中国人的身份认同感；初步认识重要历史事实，了解我国发展的历史方位和中国共产党的光辉历程；热爱中国共产党	初步了解党史、中国发展史，领悟伟大建党精神的内涵；认识中国共产党的领导作用；积极加入中国共产主义青年团

培养目标	培养目标分项	第一学段目标（1—2年级）	第二学段目标（3—4年级）	第三学段目标（5—6年级）	第四学段目标（7—9年级）
有理想	2.学习并弘扬社会主义先进文化、革命文化和中华优秀传统文化，理解和践行社会主义核心价值观，逐步领会改革创新的时代精神	感知中华优秀传统文化的主要文化符号，对中华优秀传统文化具有亲切感；知道社会主义核心价值观	初步了解中华优秀传统文化的主要代表性成果，感受中华优秀传统文化的魅力；初步理解社会主义核心价值观的要求，在日常生活和集体活动中加以践行	了解中华优秀传统文化的主要代表性成果及其意义，为中华民族创造的文明成就感到自豪；理解社会主义核心价值观的内涵，在日常生活和社会活动中积极践行	体会中华文化的源远流长与博大精深；理解中华优秀传统文化的核心思想，具有强烈的中华民族自豪感；学习和理解社会主义先进文化和革命文化，坚定文化自信；理解社会主义核心价值观的内涵及其重要意义，在日常生活和社会活动中自觉践行
	3.懂得坚持走中国特色社会主义道路的道理，初步树立共产主义远大理想和中国特色社会主义共同理想	知道中国是社会主义国家	感知中国特色社会主义的伟大成就	初步了解中国特色社会主义制度的优越性	了解中国特色社会主义制度的优越性，能够在生活和学习中自觉维护国家主权、尊严和利益

续　表

培养目标	培养目标分项	第一学段目标（1—2年级）	第二学段目标（3—4年级）	第三学段目标（5—6年级）	第四学段目标（7—9年级）
有本领	1. 乐学善学，勤于思考，保持好奇心与求知欲，形成良好的学习习惯，初步掌握适应现代化社会所需要的知识与技能，具有学会学习的能力；乐于提问，敢于质疑，学会在真实情境中发现问题，解决问题，具有探究能力和创新精神	对周围的事物有好奇心，初步体会学习的乐趣，对自己感兴趣的事情能提出问题，结合各学科的学习和生活经验尝试表达自己的看法；初步养成良好的学习习惯，培养专注力	对学习有较浓厚的兴趣，能够在学习中找到成就感；能够针对学习和生活中的问题，有目的地收集资料，结合各学科的所学知识解决问题；养成良好的学习习惯，专注力明显提升	对学习有浓厚的兴趣，自觉主动地去探究自己感兴趣的问题；初步了解如何通过图书馆、网络等渠道获取资料，解决学习和生活中的相关问题；继续巩固良好的学习习惯，寻求适合自己的学习方法	继续自觉培养优良品德、勤奋学习知识、锻炼强健体魄、培养劳动精神，努力成长为德智体美劳全面发展的社会主义建设者和接班人；理解中国梦的内涵，树立为中华民族伟大复兴而奋斗的理想

培养目标	培养目标分项	第一学段目标（1—2年级）	第二学段目标（3—4年级）	第三学段目标（5—6年级）	第四学段目标（7—9年级）
有本领	2. 自理自立，热爱劳动，掌握基本的生活技能，具有良好的生活习惯	尝试力所能及的事情自己做；爱劳动，知道财富是由劳动创造的；知道健康生活、卫生习惯的基本常识和要求	继续锻炼自己的自理能力；树立劳动意识，积极参加劳动实践，懂得劳动光荣劳动不分贵贱；初步养成健康的生活、卫生习惯，关心公共卫生	在自理的基础上，尝试承担更多的责任；感受劳动创造的意义，热爱劳动，主动承担力所能及的劳动，尊重各行各业的劳动者；养成健康的生活、卫生习惯，自觉维护公共卫生	能提出学习和生活中感兴趣的问题，共同讨论，选出研究主题，制订研究计划；讨论分析问题，写出简单的报告；关心学校、本地区以及国内外大事，并互相讨论
	3. 强身健体，健全人格，养成体育运动习惯，掌握基本的健康知识和运动技能，树立生命安全与健康意识，形成积极的心理品质，具有抗挫能力与自我保护能力	感受体育锻炼对健康的重要性，积极参加各类体育活动；了解生活中基本的安全常识，掌握常用的求助信息；能够感知自己的消极情绪，知道可以向老师和家人寻求帮助	了解体育锻炼对健康的重要性，积极参加各类体育活动；热爱生命，懂得自我保护，远离伤害；能够识别消极情绪，学习调节情绪的方法	理解体育锻炼对健康的重要性，积极参加各类体育活动；热爱生命，懂得自我保护，远离伤害；学习调控情绪，掌握自我调控情绪的方法；初步了解自己的身心成长特征	在自理自立的基础上，能主动承担更多的责任；感知劳动创造的成就感、幸福感，领会劳动对个人和社会的价值；初步了解职业道德规范，立志做未来的建设者；形成健康、文明的生活方式，懂得生命的意义，热爱生活

续 表

培养目标	培养目标分项	第一学段目标（1—2年级）	第二学段目标（3—4年级）	第三学段目标（5—6年级）	第四学段目标（7—9年级）
有本领	4.向善尚美，富于想象，具有健康的审美情趣和初步的艺术鉴赏、表现能力	初步体验音乐、美术作品的美好，对音乐美术有兴趣，乐于参与相关的艺术活动	初步对艺术作品做简单的评价，自信地参与艺术活动	能从文化的角度欣赏艺术之美，并积极参与创造艺术	有规律地积极参加各类体育活动；能够自主调控自身的情绪波动，具有良好的沟通能力，主动建立良好的人际关系；正确认识自己，能够自我反思，不断完善自我，保持乐观的态度；认识青春期的身心特征
	5.学会交往，善于沟通，具有基本的合作能力、团队精神	懂礼貌，讲诚信，守约定，不撒谎，与同伴友好相处；能够表达自己的感受，学习倾听他人的意见；热爱学校和班集体，积极参与学校和班级活动，有集体荣誉感，能够关心和帮助他人	掌握基本的交往礼仪，诚实守信；了解社会交往的基本规则，树立平等意识，互相尊重；学会认识自己，理解他人，对他人有同情心；能够表达自己的感受和见解，倾听他人的意见，体会他人的心情和需要	懂得自律，诚实守信，能够得体地与人交往，团结互助，能够平等友好地与他人相处，学会合作；正确认识自己，自信乐观，与他人平等地交流与合作，建立良好的同伴关系	感知艺术与人类社会的发展的联系，更深入地参与艺术实践

培养目标	培养目标分项	第一学段目标（1—2年级）	第二学段目标（3—4年级）	第三学段目标（5—6年级）	第四学段目标（7—9年级）
有担当	1. 坚毅勇敢，自信自强，勤劳节俭，保持奋斗进取的精神状态	努力适应环境，逐渐培养专注力	做事有耐心，在克服困难中增强自信心	不怕困难，具有一定的抗挫折能力	遵守基本的社交礼仪，理性维护社会公德；理解诚信是做人的基本要求，做到言行一致；团结同学，宽容友爱；能够清楚表达自己的感受和见解，善于倾听他人的意见，自我改进；建立同学间的友谊，把握与异性交往的尺度
	2. 诚实守信，明辨是非，遵纪守法，具有社会主义民主观念与法治意识	遵守学校纪律，维护课堂秩序；了解生活中的规则，知道在生活中人人都应遵守规则，具有初步的规则意识	具有规则意识并学会遵守规则；知道法律能够保护自己的生活	知道宪法，树立初步的法治意识；了解公民的基本权利和义务，知道民法典，了解未成年人的权利，树立用法律保护个人生命财产安全的意识；知道违法要承担责任，树立守法意识	养成自尊自信的人生态度，在生活中磨炼意志，培养良好的抗挫折能力

续　表

培养目标	培养目标分项	第一学段目标（1—2年级）	第二学段目标（3—4年级）	第三学段目标（5—6年级）	第四学段目标（7—9年级）
有担当	3.孝亲敬长，团结友爱，热心公益，具有集体主义精神，积极为社会做力所能及的贡献	感知父母的辛劳，孝敬父母，尊重师长；学会自己的事情自己做，减轻父母的负担	主动参与力所能及的家务，学会承担家庭责任；热爱集体，积极参与集体活动和民主管理，有互助意识	孝敬父母，尊重师长，懂得感恩，养成孝敬父母、尊敬师长的良好品质；学习参与家庭决策，为父母分忧；关心公益事业，学习民主管理的规则和程序，参加力所能及的社会公益和志愿者活动，有团队意识，能够与他人合作互助	了解以民法典为代表的、与日常生活相关的法律；认识违法行为及其法律责任，主动预防未成年人犯罪；了解法律对个人生活、社会秩序和国家发展的作用，理解法制的本质及特征；了解法律对国家安全的保障作用，自觉履行维护国家安全的义务；了解宪法的主要内容，明确宪法的地位与作用，认识国家基本制度和国家机构

培养目标	培养目标分项	第一学段目标（1—2年级）	第二学段目标（3—4年级）	第三学段目标（5—6年级）	第四学段目标（7—9年级）
有担当	4. 热爱自然，保护环境，爱护动物，珍爱生命，树立公共卫生意识与生态文明观念	亲近自然，知道大自然是我们生活的共同家园，知道要爱护环境、爱护动物、节约资源	热爱自然，了解自然是我们生活的共同家园，懂得保护环境、爱护动物、节约资源	热爱并尊重自然，自觉保护环境、爱护动物，初步了解可持续发展理念	感念父母养育之恩、长辈关爱之情，能够以感恩的心与父母和长辈沟通，能够为父母分忧解难，尊重师长；自觉分担家庭责任，体会敬业精神的重要性，具有较强的责任感；关心社会，了解时政，主动参与社会公益活动和志愿者活动；在团队合作互动中培养合作精神和领导力
	5. 具有维护民族团结，捍卫国家主权、尊严和利益的意识	知道中华民族是一个统一的大家庭	初步了解维护国家统一和民族团结的重要性	了解每个人都有维护国家利益和安全的责任	敬畏自然，具有绿色发展理念，初步形成环保意识和生态文明观；能够在日常生活中自觉践行生态文明的理念

续　表

培养目标	培养目标分项	第一学段目标（1—2年级）	第二学段目标（3—4年级）	第三学段目标（5—6年级）	第四学段目标（7—9年级）
有担当	6.关心时事,热爱和平,尊重和理解文化的多样性,初步具备国际视野和人类命运共同体意识	能从地图上感知世界之大	初步感知世界文化的多样性,知道人类是一个命运共同体	初步了解世界文化的多样性,知道文明交流互鉴的重要性,了解构建人类命运共同体的意义	具备国家利益高于一切的观念,能够以实际行动维护民族团结,捍卫国家主权

二、综合素质过程性评价改革

义务教育阶段过程性评价体现了教育评价从"结果导向"向"发展导向"的范式革新。过程性评价通过持续追踪、多维记录与即时反馈,破解了传统考试"一考定乾坤"的局限,使教育回归"看见成长"的本质。这是一场教育价值观的重塑——它让教育者从"评判者"转变为"成长伙伴",使评价本身成为滋养生命的"阳光雨露"。当教育开始珍视每一株幼苗独特的生长节律时,"人的全面发展"才真正从理念走向现实。

学校每年的9月份,都会为一年级、七年级的每位学生准备《综合素质发展性评价记录手册》。该手册是对学生小学及中学整个成长历程的记录,更是对综合素质过程性评价的直观呈现,对学生来说有着特殊的意义。在手册中,学校加入了"'有理想、有本领、有担当'时代新人素养培养学段目标"。此学段目标的内容详细具体，操作性强。它很好地向学生和家长展示了学校培育"三有"新人的理念，是学生成长的方向。学生可以对照学段目标不断自省。家长也可结合此学段目标，有针对性地鼓励孩子，有效地进行家庭指导。

该手册在使用过程中要体现过程性评价的连续性与成长性。其中每一学期的"学生学科学业水平及综合表现评价"板块，包括自我评价、同学评价、班主任寄语、家长寄语等内容（参见表6-2）。这样的设计整合了学生自评、互评以及家长评价、教师评价，充分发挥了学生及家长的主观能动性，将家庭评价与学校评价紧密相连，形成了更加完善的评价体系，最大化发挥了家校共育的力量。同时学校落实评语审核分级制，由班主任、年级分管主任、校长逐级审核，确保每个学生的评语是公正客观且具有激励性的，让学生全面地认识自己，也让家长深入地了解自己孩子在校表现情况，从而更好地引导学生健康地成长。

表6-2 综合表现评价

自我 评价	本人签名：
同学 评价	同学签名：
班主任 寄语	班主任签名：
家长 寄语	家长签名：

第二节 学校各年级考试改革探索

根据相关文件的规定，学校各年级考试情况如下：1—2年级非纸笔考试，其他年级每学期组织一次期末考试。学校在具体实践中，努力挖掘"净雅"评价的特色，以便促进学生全面发展。

一、1—2年级非纸笔考试改革

1."双减"政策领航，评价转型势必行

为深入贯彻落实中央关于教育评价改革和"双减"工作部署要求，严格规范学校教育教学行为，切实降低学生考试压力，促进学生全面发展和健康成长，根据《深化新时代教育评价改革总体方案》《安徽省深化新时代教育评价改革实施方案》等要求，学校积极响应，在学业负担上做"减法"的同时，积极在教育方式、方法和质量上做"加法"，探索出"六化"评价模式，促进学校高质量发展。

2."六化"模式赋能，多维评价齐推进

学校1—2年级期末评价工作经过3年多的不断摸索，探索出评价方式信息化、评价方案特色化、评价主体多元化、评价内容趣味化、评价语言激励化、评价报道及时化的"六化"评价模式。

第一，评价方式信息化。

为了切实落实"双减"政策，减轻学生的学业负担，引导学校、家庭、社会树立科学的育人理念，促进学生全面发展，学校改革考试评价机制。1—2年级期末学业水平综合测评时，学校利用线上"智趣闯关"平台，运用信息技术手段，实行无纸化、开放式的表现性评价，对学生

进行学习能力测评，集综合性、趣味性、探究性于一身，让学生在轻松愉快的评价中感受学习知识的快乐，体验学习成功的喜悦，更好地指导教师的教和学生的学。

第二，评价方案特色化。

学校以教研组为单位提前制定学科评价内容和评价标准，借助特制评价软件开展学生学业评价活动。评价前，学科教师要将评价系统安装到教室的电脑里。

每个学科按照评价内容的难易程度，分成A、B、C三关，每一关根据评价标准分设三个评价结果。以A关为例，分别给予A1、A2、A3的评价等级，每个等级均赋有相应的有针对性的文字描述。各学科老师在规定的评价期限内，利用班级电脑等电子设备随堂完成本学科的评价。学生每闯一关，学科老师根据学生闯关情况，结合评价标准，给予学生评价等级。每位学生闯关结束后，评价结果将会自动保存至后台，等完成所有学科评价后，电脑自动整理每个学生各科评价情况，并根据学生的学科等级汇总最终评价结果。此次评价包括9个学科，给予获得6个及以上A等级的学生"博学之星"称号；给予获得2—5个A等级的学生"智慧之星"称号；给予其他学生"希望之星"称号，并以"学生期末学业评价信息反馈单"的形式呈现，由班主任统一打印该信息反馈单，给学生带回留存。信息化的评价方式科学、全面地体现了以生为本的评价，不断激发学生的学习兴趣，促进学生不断努力、不断进步。

第三、评价主体多元化。

学校不断提升考试评价质量，促进"教—学—评"有机衔接。2022年1月，1—2年级期末"智慧闯关嘉年华，童心飞扬齐绽放"综合测评，给学生"双减"后的首个学期"画像"，到近期"乐学乐考，智趣童年"1—2年级"乐考"活动，学校不断探索评价方式和主体的多元化。

学校为每位新生配发《综合素质发展性评价记录手册》，该手册中有学校提炼出的1—9年级"有理想、有本领、有担当"时代新人素养培养学段目标。有了这个目标引领，在1—2年级"综合表现评价"板块中，学生自我评价、同学评价、班主任寄语、家长寄语就有依据，家校共育的力量得到最大化发挥，也让孩子全面地认识了自己。

第四，评价内容趣味化。

我们在实践中探索出"非纸笔"测试的设计路径：指向核心素养，设置测评项目；依据课程标准，研制测评内容；尊重学生心理，趣设测评情境；读懂学生发展，关注测评结果。

学生在班主任统一带领下排队走进"考场"，"考场"一侧依次摆放着"口语交际小达人""阅读小达人""经典小传人""数学小行家""英语小超人"等五个关卡，每个点位由两名手持平板电脑的教师负责，学生手拿"快乐大闯关"评价卡依次到各个摊位进行闯关。

以往的纸笔测试，知识点答对就能拿高分；现在"智趣闯关"的全新尝试，学生们要把所学知识口头表达出来，也要应用于实践，既考查了他们对知识点的掌握，又考查了他们的实际应用能力。

第五，评价语言激励化。

学校1—2年级无纸化评价的主要特征是不进行书面考试、不用分数评价、不排名，"博学之星""智慧之星""希望之星"这种"等第制"评价以2022年版新课程标准为依据，从"重分数"转向"重素养"，在关注学业水平的同时关注学生的学习兴趣培养和良好习惯养成，并以"等第+评语"的方式发挥评价对学生学习的诊断和促进作用。采用"等第+评语"的方式呈现评价结果。

在"双减"政策背景下，期末评语的设计和撰写发生了显著变化，体现了老师对学生综合素养培育的重视。评语不再仅仅是对学生学习成绩的评价，而是转变为对学生个性、优势、存在问题与不足的全面反馈，旨在鼓励学生发展自己的特长，同时指出努力方向，促进学生的全面发展。评语不仅是对学生过去表现的总结，更是对他们未来发展的期许和引导。

第六，评价报道及时化。

为了有效宣传学校在1—2年级评价方面的特色，并及时总结经验，将好的做法和创新的举动辐射出去，学校领导把对这项活动的宣传当作一项重点工作来抓。每次活动一结束，学校业务水平高、写作能力强的教师认真撰写报道材料并由教科室初审，分管副校长、校长、书记亲自把关，提高新闻稿的质量。

随着新闻稿在公众号上的发布，学校教师、家长以及关心学校发展的各界热心人士积极转发、点评，学校的品牌形象和社会影响力得到了显著提升，家长和社会满意度以及活动的影响力都取得了"丰收"。

3.评价改革提质，师生共进显成效

在"双减"政策深化教育改革的背景下，学校1—2年级推行的"六化"评价举措，绝非简单的"去考试化"，而是一场触及教育本质的评价革命。

这一变革通过重构低学段儿童的成长坐标系，实现了从"分数焦虑"到"素养生长"的范式转换，保护了学习内驱力，激活了家校共育的新样态。当教育不再用同一把尺子丈量所有幼苗时，当"安静观察蚂蚁的孩子"与"速算小能手"同样获得掌声时，我们便真正实现了"让每个孩子按照自己的节奏成长"的教育理想。

评价方式的改革促进了学生的发展，把课堂上原本静态的知识储备，以动态的方式转化为孩子的能力储备。评价方式的改革促进了教学的变革，教师不仅会关注每一节课目标的达成度，还会关注课堂学习中学科核心素养、关键能力的培养。

"六化"评价模式的实践研究，倒逼教师专业的提升，评价标准的确定，迫使教师读懂自己、读懂学生、读懂课堂，撬动了以评促教的杠杆。评价模式的改革提升了家长、社会对学校的满意度，当孩子身贴"智慧之星"、带着"快乐闯关反馈单"回到家中时，当爸爸妈妈脸上洋溢着幸福的微笑时，我们才能真正实现办人民满意教育的初心使命。

二、3—9年级期末考试改革

3—9年级纸笔测试中，学校注重信息技术在学业反馈中的应用，采取网上阅卷形式，教师利用智学网进行网络阅卷，能及时看到各学科各分数段的成绩统计与分析。学生利用智学网学生端，可以看到自己的各科成绩和成绩分析。同时，学校及时开展精准有效的考试成绩分析会及经验交流分享会。这里有各年级组成绩分析会和各学科组成绩分析会，旨在因材施教，对症下药，增强学生学习的信心。

1. 智能分析，诊断突破口

对学生的知识掌握情况进行数据分析，以表格或图像的形式用数据分析对比学生的客观题、主观题的得分情况，从而得知相对应知识的掌握情况，诊断出学生的知识薄弱环节，为之后的教学提能增效。通过数据分析，发现学生对相关知识点的掌握有欠缺，之后要重点复习。

2. 个性化学习方案助力学生成长

个性化学习方案针对学生个体开展的学习活动，核心在于充分考虑不同学生的个体差异和特点，针对不同学生的学习情况和知识掌握情况，提供符合学生需求的学习资源、学习方式和评价方法。

个性化学习方案包括成长轨迹、错题概览、成长指南、优势劣势分析、典例精练、查漏补缺六个方面内容，精准把握学生的知识缺漏，针对性地进行个性辅导，筛选典型例题，满足不同学生的学习需要，减少学生机械的重复性训练，帮助教师高效地进行教学评价。

3. "周周清"模式助力完成"学+练+诊"闭环学习

"双减"模式，如何减轻学生复习负担，做到减量提质？智慧课堂的出现可以有效地帮助教师。学校采用的"周周清"模式是基于信息技术手段的作业管理创新模式，根据智学网学情大数据分析，教师根据教学进度，选择需巩固的知识点，在智学网平台一键布置，学生收到任务后，多种终端进行作答，系统进行记录，帮助教师诊断分层，为每一个学生的个性化学习推送微课视频讲解和针对练习。

采用"周周清"模式，教师可以根据学生学习的重难点与易错点，有针对性地筛选每周的练习点。根据学生的掌握情况，"周周清"可以自动分层，不仅可以帮助学生找到最适合自己的学习模式，以及自己学习中的疑难杂症，还可以有效地减轻教师的工作负担，快速了解学生的知识掌握情况。

学生在课堂学习后，再通过"周周清"练习，最后完成自我与教师共同诊断，从而形成"学+练+诊"闭环学习模式。

学校利用信息技术智慧教育的方式，通过网络阅卷、智能分析、个性化学习、"周周清"模式等提升考试效率与准确性，降低了人工阅卷的错误率，减少了教师的工作量，提高了评分的一致性和客观性，教师可以更有针对性地了解学生的答题情况和错题类型，及时反馈有助于学生及时了解自己的学习状况，教师可以根据数据分析结果调整教学策略和方法，从而提高教育教学质量。

本章结语

在"双减"政策深化教育改革的背景下，一、二年级取消纸笔考试，推行非纸笔评价的举措，绝非简单的"去考试化"，而是一场触及教育本质的评价革命。这一变革通过重构低学段儿童的成长坐标系，实现了从"分数焦虑"到"素养生长"的范式转换，遵循了儿童阶段发展规律，保护了学生的学习内驱力，激活了家校共育的新样态。当教育不再用同一把尺子丈量所有幼苗，当"安静观察蚂蚁的孩子"与"速算小能手"同样获得掌声时，我们便真正践行了"让每个孩子按照自己的节奏成长"的教育誓言。这或许正是"双减"背景下评价改革最重要的意义——摘下标准化考试的"紧箍咒"，还童年以探索的自由与生长的尊严。

在"双减"政策与教育数字化转型的双重驱动下，3—9年级期末考试改革的本质是重构教育评价的底层逻辑——从"分数筛选器"转向"成长导航仪"，而智慧教育在此过程中扮演着"数据引擎"与"认知脚手架"的双重角色，其赋能意义体现为四重维度的范式突破。这场改革最终指向教育的终极命题：让评价成为照见生命潜能的光束，而非丈量个体的标尺。当智慧教育将冰冷的分数转化为温暖的成长图谱时，当期末考试从"恐惧制造机"变为"能力发现站"时，我们便抵达了"双减"深处的人文内核——用技术的力量守护教育的温度。

第七章

建设"净雅"校园，营造培育环境

校园环境作为无声的教育者，通过建筑肌理与文化符号的有机融合，将抽象理念转化为可感知的精神场域。它不仅是历史记忆的立体书卷，在青砖黛瓦中赓续文化基因，更以生态景观启迪自然敬畏，用弹性空间孵化创新思维。这种浸润式的环境通过美学熏陶与空间叙事，潜移默化中塑造行为范式、培育审美意识，最终在物质与精神的交响中，构筑起滋养全人发展的育人生态，让教育在草木砖石间获得超越课堂的生命力。

学校在校园环境的建设上彰显"净雅教育"的内涵，使每一个人都能在良好的校园环境中濡养精神、润泽心灵、丰富体验、塑造灵魂，寓教育于有形之中。建设"净雅"校园，有助于提升校园环境的育人功能和文化影响力，发挥校园环境"润物细无声"的作用。

芜湖市第十一中学城东校区在校内建筑物及广场、道路的命名上紧扣"净雅"二字，在功能教室的配置上独具匠心，在自然环境和清扫劳动中都浸润着"净雅"的内涵，为建设"净雅"校园而付出努力。

第一节 校园建筑嵌文化

校园的文化建设，首先体现在各教学楼、广场、道路等的命名上，以及各功能教室的配备与布置上，尽显"净雅"特色。

一、楼名、广场名、道路名显文化

学校自2022年政府投资基建计划项目开始逐步打造"净雅"校园文化内核，系统性地完善和提升校园基础设施育人功能，先后分区完成篮球场提升改造、广场改造、假山喷泉景观改造、园林绿化组团提升等基建项目，呈现春花、夏荫、秋色和冬枝的四季景色，一盏盏款式别致的太阳能路灯整齐划一地安装在校园道路两旁，倡导校园建筑绿色环保的发展理念。

围绕"净雅教育"中的"一训三风"，结合中华优秀传统文化及对教育的科学理解与认知，学校对教学楼和校园道路等进行命名。例如：

校园南面两栋新建教学楼，东边为"净心楼"，西边为"雅行楼"，"净心""雅行"遥相呼应，突出"净雅教育"。

原E座教学楼更名为"至善楼"，F座教学楼更名为"至美楼"，操场西边平房更名为"至真楼"，彰显校风。

原A座教学楼为"悦习楼"，原B座教学楼为"悦朋楼"，原C座教学楼为"悦知楼"。"明辨善思 笃志力行"的学风，强调学生要善于思考、积极实践、意志坚定。《论语》中说："学而时习之，不亦说乎？有朋自远方来，不亦乐乎？人不知而不愠，不亦君子乎？"这对应自主、合作、探究的学习方式，强调学习的态度与方法。因此，为了和"学风"形成呼应，我们取"习、朋、知"三个字，以"悦"字统摄三座教学楼的名称，突出表现"明辨善思 笃志力行"的学风，这一学风的落实离不开学生在学习中保持愉悦心情，始终抱有对学习的兴趣与热忱。参见图7-1至图7-5。

图7-1 至善楼

图7-2 至美楼

图7-3　至真楼

图7-4　悦习楼

图7-5　悦朋楼与悦知楼

　　学校还将原A、B座楼之间的广场命名为"仁创广场"，原B、C座楼之间的广场命名为"智创广场"，原E、F座教学楼连廊东侧广场命名为"勇创广场"。"启智润心 立己达人"的学校教风，强调教师要立德、立言、立行，形成内外兼修的独特的人格魅力，这与《论语》中的"君子有三德：仁者不忧，知者不惑，勇者不惧"形成呼应。因此，取"仁、知（智）、勇"三字。创新是社会发展的驱动力，随着科技进步和经济全球化的发展，创新对社会发展的推动作用日益凸显。

　　学校将环校道路命名为"涟馨路"，2号门至新建教学楼的道路命名为"清馨路"，"风雨操场"与田径场之间的道路命名为"濯馨路"，3处道路的命名从"净雅教育"的图标"莲"中获得灵感。莲花，清雅脱俗，宛如仙子凌波。它的花瓣轻柔而坚韧，层层叠叠，宛如精心雕琢的玉盘，承载着清晨的露珠，闪烁着晶莹的光芒。那抹淡雅的粉色，既不张扬也不媚俗，恰到好处地诠释了"出淤泥而不染，濯清涟而不妖"的高洁品质。因此，取"濯、清、涟"三字。莲花散发出淡淡的清香，沁人心脾，让人心旷神怡。在炎炎夏日，莲花以其独有的魅力，成为人们心中那一抹清凉的慰藉。"馨"字意为散布很远的香气，也可指人品德美好高尚，因此我们用"馨"字统整。

2023年9月以来，随着坐落于湖山云著小区西侧的初中部（参见图7-6）和城东校区南侧城堡教学楼的陆续启用，学校已形成一校两区的地理架构，为学校的快速发展奠定了良好的物质基础。

图7-6 初中部新校区鸟瞰图

二、功能教室聚文化

一间好的功能教室，它的文化氛围可以潜移默化地塑造学生，提高学生的学习兴趣，增加学生学识和技能的广度与深度。就比如说，美术室里挂满了学生和老师的作品，音乐室里摆满了精美的乐器，实验室里摆放着整齐专业的器材，这些都能让学生感受到艺术的魅力、科学的严谨。每个学校的功能教室文化都是独一无二的，它既体现了学校的办学理念和特色，也是推动学校教育质量全面提升的保证。

功能教室文化是功能、艺术与文化三者之间的和谐对话，让学生徜徉在功能教室之中，仿佛身临其境，便于学生沉浸式学习。学校的功能教室建设注重空间布局，合理的空间布局能让学生在学习时感到舒适和自在，提高学习效率；讲究色彩搭配，不同的色彩能给人带来不同的心理感受，功能教室里的色彩搭配要符合其特定功能；精心选择材质，材质的选择也很重要，比如美术室可以用一些有质感的画布、木材等，营造艺术氛围；合理运用光线，自然光和人工光的巧妙结合，能让功能教室更明亮、更舒适；点缀的艺术装饰，装置的挂画、雕塑等，都能提升功能教室的艺术气息；体现现代科技，比如多媒体互动墙、虚拟现实技术，为学生提供沉浸式的知识学习体验。

为更好地做好教育教学服务工作，近年来，学校有计划、分步骤地完成了各种类型功能教室的配备工作，提升了学校的教育装备配备水平，同时强化了教育装备应用考核，提升了教育教学效率和育人效果。学校先后建设完成心理咨询室（2间）、创新实验室（2间）、科学实验室、堆漆画教室、美术教室（2间）、音乐教室（4间）、舞蹈教室（2间）、沙画书法教室、电钢琴教室、古筝教室、机器人教室、图书阅览室（2间）、录播教室（2间）、多媒体室（2间）、广播室、报告厅、网络教室（5间）、体育器材室、历史功能教室、地理功能教室、物理实验室及准备室、化学实验室及准备室、生物实验室及准备室等。学校还特别建立了车文胜、胡仓兵名师工作室和孙艳名班主任工作室等。这些功能教室的陆续建成和使用，极大地改善了学校的办学硬件条件，学生们在这些功能教室中学习，体验到更好的学习氛围，增强了学习兴趣，提高了学习效率，大大地方便了教师的教育教学工作，为学校的高质量发展提供了物质保障。参见图7-7至图7-15。

图7-7 堆漆画教室

图7-8 心理咨询室

图7-9 沙画书法教室

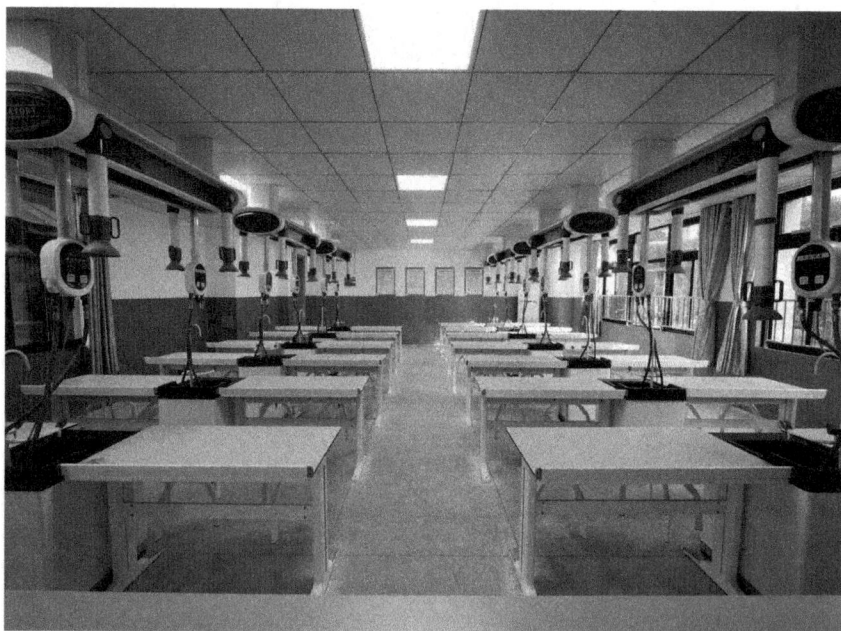

图7-10 化学实验室

图7-11 生物实验室

图7-12 网络教室

图7-13　名师工作室

图7-14　图书阅览室

图7-15　录播教室

第二节　校园环境凝文化

校园环境包括自然环境和劳动环境等，一旦与"净雅"气息相结合，就能创造出特殊的教育环境，迸发出独特的教育魅力。

一、学校在自然环境中浸润"净雅"气息

学校以"席地而坐"的标准打造"最干净校园"；加强校园绿化、美化工作，让师生乐享"推窗见绿，出门赏景，起步闻香"的校园生活；结合政府投资计划项目和原有校舍建筑特点，建设"净雅"系列文化石、文化墙，逐渐建设"串点连线成片"的"净雅教育"校园文化环境。参见图7-16至图7-19。

图7-16　校训文化石

图7-17　校风文化石

图7-18　校园山水景观

图7-19　净雅文化石

二、学校在清洁校园劳动中浸润"净雅"气息

学校不断优化社团和综合实践活动，开展"拾捡校园垃圾，创建净雅校园——劳动教育系列活动"。为培养学生的思想道德素质和志愿服务精神，学校开展以"美化校园，服务大家"为主题的清洁校园卫生志愿活动。通过活动的开展，同学们深刻体会到奉献精神的永恒和伟大。经过同学们的辛勤劳动，校园环境变得整齐有序，同学们在劳动中进一步传承和发扬了无私奉献、乐于助人、艰苦奋斗的雷锋精神。学校以"劳动教育"为引领，实现了"以劳树德、以劳增智、以劳强体、以劳育美、以劳创新"，成就了"净雅城东好少年"。

图7-20 课间"悦"读

校园环境是学校教育和文化传承的重要体现，洁净幽雅的校园空间，减轻了学生的学习压力，提升了学生的幸福感和归属感。净雅和谐的校

园环境，凝聚了学校"净雅教育"校园文化，传递了知识和价值观。校园环境不仅是物理空间的构建，更是一个充满教育意义的平台，学生浸润在"净雅"校园中，渐生"净雅"智慧和气质。

"培根铸魂，求是至臻"是学校的不懈追求。我们不断促进学校的内涵发展，让"净雅"文化成为校园的主旋律，让"净雅"气质成为师生的名片。今后，我们将继续落实立德树人的根本任务，培养德智体美劳全面发展的社会主义建设者和接班人，努力创造更大的辉煌。

本章结语

学校在校园环境的建设上充分发掘"净雅教育"的内涵，使每一个人都能在良好的校园环境中濡养精神、润泽心灵、丰富体验、塑造灵魂。在校内建筑物及广场、道路的命名上紧扣"净雅"二字，在功能教室的配置上独具匠心，在自然环境和清扫劳动中浸润着"净雅"的内涵，打造"净雅"校园，可以寓教育于"有形"之中，发挥校园环境"润物细无声"的作用。

第八章

赓续"净雅教育",规划时代蓝图

　　"却顾所来径，苍苍横翠微。"一路走来，艰辛与收获，欢笑与泪水，让我们更具底气与自信。赓续"净雅教育"的美好图景，正是建立在我们对国家大政方针的深刻领悟与对具体校情的生动诠释上。与时俱进、开拓进取、笃行不怠、昂首阔步，也正是建立在我们对理论与实践相结合、改革与发展相结合的科学总结上。

　　从育人到育才，从学校发展到民族复兴，从培养社会主义建设者和接班人到构建现代化教育强国，从落实时代新人九年贯通式培养实践研究到全面推进终身学习的人才发展战略，芜湖市第十一中学城东校区一直在路上！时代蓝图已然展开，生花妙笔，恣意纵横，让我们一起描绘那灿烂、美好的未来！

第一节　贯通培养跨时代

党的十八大以来，习近平总书记关于教育的重要论述，为做好新时代教育工作提供了根本遵循和行动指南。

我们深知，教育是国之大计、党之大计，是民族振兴、社会进步的重要基石，是功在当代、利在千秋的德政工程，对提高人民综合素质、促进人的全面发展、增强中华民族创新创造活力、实现中华民族伟大复兴具有决定性意义。

当今世界正经历着百年未有之大变局。面对错综复杂的国际环境带来的新矛盾和新挑战，《中共中央关于制定国民经济和社会发展第十四个五年规划和二〇三五年远景目标的建议》强调：坚持创新驱动发展，强化国家战略科技力量，激发人才创新活力，坚定文化自信，坚持以社会主义核心价值观引领文化建设，围绕举旗帜、聚民心、育新人、兴文化、展形象的使命任务，推进社会主义文化强国建设。尤其要坚持优先发展教育事业，坚持立德树人，增强学生文明素养、社会责任意识、实践本领，培养德智体美劳全面发展的社会主义建设者和接班人。

"'有理想、有本领、有担当'时代新人九年贯通式培养的实践研究"正是在以上特定的背景下被我们创造性地提出来并持续开展起来的。面对研究中出现的困难与障碍，我们坚持问题导向，抓住工作关键，聚焦教师关心、家长关切的教育热点和难点，结合工作实际，深入学习研讨。在狠抓落实本领、强化使命担当的同时，我们坚持理论与实践相结合、改革与发展相结合，不断更新教育观念，提高研究水平，努力开创新时代教育发展的新局面。

一、落实立德树人根本任务，丰富九年贯通式培养成果

在全国教育大会上，习近平总书记深刻提出，培养什么人，是教育的首要问题。我们的教育必须把培养社会主义建设者和接班人作为根本任务。

在基础教育阶段，我们更乐于借助九年贯通式培养的理论研究与实践创新，帮助学生坚定理想信念、厚植爱国主义情怀、加强品德修养、增长知识见识、培养奋斗精神、增强综合素质，帮助学生在体育锻炼中享受乐趣、增强体质、健全人格、锤炼意志，坚持以美育人、以文化人，提高学生的审美情趣，在学生中弘扬劳动精神，切实丰富九年贯通式培养成果，真正构建德智体美劳全面培养的教育体系和更高水平的人才培养体系。

二、全面优化部门管理工作，加快教育现代化战略部署

只有不断提高学校各部门把方向、谋大局、定策略、促改革的能力，在增强政治意识、大局意识、核心意识和看齐意识的同时，坚持稳中求进的工作总基调，统筹协调，才能以提高教育质量为核心，以全面优化部门管理工作为着力点，保障"'有理想、有本领、有担当'时代新人九年贯通式培养的实践研究"多点突破、全面发力、蹄疾步稳、纵深推进。

我们欣喜地看到，学校各部门把教育研究的策略方法贯彻运用到教学管理工作的全过程中，增强了自身的管理效能，并从部署改革任务到指引改革方式上，夯基垒台、立柱架梁，加快全面深化教育发展的战略部署，为接下来理论研究与实践发展指明了方向和现实路径。

三、打造素质优良教师队伍，形成有利创新的育人环境

教师是教育发展的第一资源，"四个引路人""四个相统一"等一系列要求无不为教师队伍的建设指明方向。"'有理想、有本领、有担当'

时代新人九年贯通式培养的实践研究"更需要一支政治素质过硬、业务能力精湛、育人水平高超的教师队伍。

我们在利用名师分享、道德讲堂等活动提升教师师德和爱岗敬业精神的同时，充分发挥身边最美教师的榜样力量，教师的内在修养与知识水平得到进一步提升，理论自信与文化自信得到进一步增强。学校广大教师不仅充分认清肩负的使命和责任，更以理论学习与实践研究为契机，勇于创新，因时而进，因势而新，形成了有利于创新的育人环境，为教师队伍发展提供了坚实保障。"成学之教""成人之教""成业之教""成己之教""幸福之教"共同奠定了教育为成长服务、为教师发展服务的基础。

四、深化课程改革和课堂建设，构建多元立体化评价体系

随着教育部关于《基础教育课程教学改革深化行动方案》的发布，学校坚持因地制宜"一地一计"、因校制宜"一校一策"，把国家统一制定的育人"蓝图"细化为地方和学校的育人"施工图"，明确课程教学改革的具体路线、措施，提出困难问题破解之策，这也成为持续优化改进课程实施规划的行动指南。

"'有理想、有本领、有担当'时代新人九年贯通式培养的实践研究"将继续在落实课程方案和课程标准的同时，聚焦核心素养导向的教学设计、学科实践（实验教学）、跨学科主题学习、作业设计、考试命题、综合素质评价等教学改革重点难点问题，探索有效多样的教学模式，引导广大教师深入研究课程教材内容和课堂教学规律，创新教学设计和教学方法，鼓励指导每位教师积极参与课程建设，全面总结教学成果并推广应用，促进成果"本土化"落地，发挥评价的导向、诊断、反馈作用。丰富创新评价手段，注重过程性评价，实现以评促教、以评促学。进一步落实《义务教育质量评价指南》中关于学生评价的相关要求，建设义务教育质量评价指南自评系统，尽快构建成多元立体化的评价体系，促进学生全面发展。

五、改革教育强国的新路径，助力新时代教育蓬勃发展

青年一代有理想、有担当，国家就有前途，民族就有希望。始终把教育摆在优先发展的战略位置，不断加大投入，努力发展全民教育、终身教育，建设学习型社会，对社会主义现代化强国建设、教育现代化有重要的指导作用和深远的现实意义。

"'有理想、有本领、有担当'时代新人九年贯通式培养的实践研究"就是围绕这一目标进行的积极尝试。在科技飞速发展的当下，人工智能已成为全球瞩目的焦点领域，深刻重塑着社会的运行模式与发展轨迹。我们将紧贴时代，面向未来，结合当前实际，积极探索教育研究新路径，深入学习并贯彻教育部办公厅《关于加强中小学人工智能教育的通知》，提早规划，把握机遇，确保社会主义现代化强国建设后继有人，以人工智能引领构建以人为本的创新教育生态，促进学生思维发展，培养学生的创新精神，引导学生广泛参与探究实践，学用结合，注重培养学生解决实际问题的能力，推进问题式、项目式、任务式学习的教学，为"'有理想、有本领、有担当'时代新人九年贯通式培养的实践研究"注入新的动力，真正助力新时代教育蓬勃发展。

"致广大而尽精微"，我们踔厉奋发、笃行不怠，一定能够回应人民的新期盼，实现群众的新期待，为学生的终身学习奠基，为学生的全面发展铺路，为建设学习型社会添砖加瓦，为建设更加公平、优质、多样的教育环境，为总体实现教育现代化宏伟目标而不断前进。

第二节　昂首阔步向未来

"千淘万漉虽辛苦，吹尽狂沙始到金。"我们在开展"'有理想、有本领、有担当'时代新人九年贯通式培养的实践研究"过程中，经历过痛苦的摸索期、艰难的发展期、停滞的瓶颈期。然而，我们始终坚信任何一项科学研究，都不会一蹴而就。这世间若只有一条路，那便是尊重规律、勇于实践、积极探索，开拓进取之路。

从课题立项到实践研究，站在国家义务教育阶段新课程方案和新课程标准的高度，立足具体校情，结合学校特色，促进学生全面成长，是我们一直以来不变的信念与追求。当前，教育充满着前所未有的机遇与挑战，为了适应新时代的发展要求，提升人才培养质量和学校综合实力，秉持初心，我们将深化"'有理想、有本领、有担当'时代新人九年贯通式培养的实践研究"，在内涵式高质量发展道路上砥砺前行，不断迈向新征程，呈现新气象。

一、锚定发展目标，丰富净雅教育内涵

总体目标：

进一步凝练学校发展特色，将学校建设成为一所特色鲜明、质量上乘、有品牌影响力的现代化学校。

具体目标：

①学校管理数字化，提高整体治理能力。

②教师队伍精英化，构建课堂和谐生态。

③育人途径多样化，促进学生全面发展。

④课程建设体系化，助力"净雅教育"文化。

⑤服务水平高质化，增强师生幸福体验。

二、落实重点任务，提升改革措施效能

围绕学校管理、团队建设、育人途径、服务水平、课程建设、校园环境六个方面，明确发展目标，落实重点任务，细化改革措施，为转型发展筑牢根基。

①加强党的领导，持续推进清廉学校建设，探索智慧大党建格局，引领义务教育学校高质量发展。全面落实党组织领导的校长负责制，形成常态化沟通协调运行机制。升级数字化思维，借助数字化平台，完善校园硬件设施建设。充分探索管理与教学新路径，加快学校管理数字化，提高整体治理能力。

②强化教师思想道德建设，践行立德树人使命。积极开展校本研修和教科研活动，提升教师专业素养。通过"名师工作室""青蓝工程"等一系列活动，弘扬团队精神，培养教师敏锐的学术眼光，完善教育理念，形成以研促学、以训促教的教师良性成长氛围，持续发扬教育家精神，增强榜样的力量，加速教师队伍精英化，构建课堂和谐生态。

③实施"五育并举"，构建和谐共生课堂。以课堂为阵地，持续推动课程创新与发展，不断更新课程内容与形式，让教学评价不限于教师，而是充分发挥学生及家长的主观能动性，将学生自我评价、同学评价、班主任寄语、家长寄语相结合，将家庭评价与学校评价相关联，形成一套完善科学的评价体系，最大程度发挥出家校共育的力量，提升学生核心素养。促进协同育人，探索育人多样化途径，提升学生综合素质，促进学生全面发展。

④在开齐国家规定课程的同时，有效开发和实施地方课程、校本课程，积极推进信息技术和教育教学的深度融合，强化实践育人，培养学生的社会责任感、创新精神和实践能力。进一步探索"1+1+X"模式的可行性与创造性，构建课程建设体系，助力"净雅教育"。

⑤推进开放办学理念，深化美丽校园内涵。挖掘后勤工作潜能，调

动后勤工作积极性，建立良好管理秩序，优化后勤管理团队分工及提高
工作流程实效，树立服务意识，提高服务技能，统筹规划，合理布局，
加大老旧问题整治力度，及时维护学校公共财物，保证服务水平高质化，
增强师生幸福体验。

三、优化资源配置，深化评估反馈机制

全面推进内涵建设，加快凝练办学特色，已成为学校发展规划的愿
景。要认真贯彻国家颁布的《深化新时代教育评价改革总体方案》，完善
立德树人机制，扭转不科学的教育评价导向，坚决克服唯分数、唯升学
机制。要做好小学与中学的衔接，要完善对学生的九年贯通式培养，更
需要提高教育治理能力和水平，以传统优势学科为引领，不断强化教学、
科研、管理团队建设，采取深度参与、联合培养、挂职锻炼等方式，探
索借智借力、人才引进新模式。要全面打造宜学、宜教、宜研的特色校
园，努力形成一流的师德师风、一流的教学学风、一流的校风班风、一
流的工作作风、一流的育人新风，让"五个一流"真正成为学校发展的
亮点和特色。

将学校的人力资源、物质资源、文化资源、社会资源进行优化组合，
通过对规划与组合实施情况的定期评估，及时发现问题、总结经验教训。
同时，注意规划的灵活性和可调整性，以适应不断变化的内外部环境。
鼓励师生、家长以及社会各界参与规划的评估与反馈，以增强规划的民
主性和科学性。将发展策略和措施细化为具体的实施步骤，并为每个步
骤设定明确的时间表，确保规划的有序实施和及时调整，共同实现多渠
道、立体化、特色化学校发展的新未来。

四、牢记使命担当，彰显特色发展愿景

我们深知"净雅教育"为学校的蓬勃发展储能，为师生的共同进步
蓄势，为学生的全面发展奠基。我们以文化育人、课程育人、实践育人、
环境育人，我们的方向没有变；从管理者到传道授业解惑者，我们众志

成城、万众一心的决胜意志没有变；我们围绕学生德智体美劳的全面发展，铆足劲、使足力的坚定信心没有变；我们深化教学改革，积极投身实践的顽强精神没有变。

从生动的实践案例到闪耀的奖杯金牌，从校园上下的欢声笑语到课堂内外的读书声，从科技创新的累累硕果到文体艺术的百花齐放，我们欣喜地看到一所九年一贯制学校树立行业标杆、成就教育品牌的可能，我们更激动地看到一届届毕业生昂首阔步、自信成长、全面发展的可能。

万水千山虽迢迢，但只要脚步坚实，步履铿锵，就没有到达不了的远方。当我们的孩子走出校门，迈向更高学段，踏入社会，拥抱他们的人生时，他们是拥有着深厚文化底蕴、胸怀天下、心系民族、肩负国家发展使命的社会栋梁；是在人文、科技、艺术等各个领域可以大放异彩并且个性鲜明、素养完备的天之骄子；是意志坚定、品德良善、乐于创新、勇于实践的时代之光。

"'有理想、有本领、有担当'时代新人九年贯通式培养的实践研究"宛如冉冉升起的太阳。我们相信阳光普照的地方，一派欣欣向荣。让我们心往一处想、劲往一处使，谱写学校教育的新篇章。

本章结语

　　基于对国家教育方针的领悟与对具体校情的理解，与时俱进、开拓进取、笃行不怠、昂首阔步，我们落实时代新人九年贯通式培养实践研究到全面推进终身学习的人才发展战略，赓续"净雅教育"的美好图景。

主要参考文献

[1] 中华人民共和国教育部.义务教育课程方案（2022年版）[M].北京：北京师范大学出版社，2022.

[2] 崔允漷，王涛，雷浩.义务教育课程方案（2022年版）解读[M].北京：北京师范大学出版社，2022.

[3] 钟启泉，崔允漷.核心素养研究[M].上海：华东师范大学出版社，2018.

[4] 林崇德.21世纪学生发展核心素养研究[M].北京：北京师范大学出版社，2016.

[5] 尹丽君，陆云泉，王建忠.九年一贯制办学模式创新[M].北京：中华书局，2016.

[6] 肖宗六.学校管理学[M].北京：人民教育出版社，2018.

[7] 张丰.校本研修的活动策划与制度建设[M].上海：华东师范大学出版社，2007.

[8] 周冬祥.校本研修行动指南[M].北京：高等教育出版社，2008.

[9] 罗蓉.教师专业发展[M].北京：北京师范大学出版社，2012.

[10] 瓦·亚·苏霍姆林斯基.苏霍姆林斯基选集[M].北京：教育科学

出版社，2001.

[11] 田中耕治.教育评价[M].北京：北京师范大学出版社，2010.

[12] 王运武，于长虹.智慧校园[M].北京：电子工业出版社，2016.

[13] 林格.教育就是培养习惯[M].北京：清华大学出版社，2007.

[14] 柳夕浪.学生综合素质评价[M].上海：华东师范大学出版社，2015.

[15] 王邦虎.校园文化论[M].北京：人民教育出版社，2000.

[16] 张德，吴剑平.校园文化与人才培养[M].北京：清华大学出版社，2001.

[17] 黄向阳.德育原理[M].上海：华东师范大学出版社，2000.

附　录

芜湖市第十一中学城东校区章程

序　言

芜湖市第十一中学城东校区始建于 2011 年，开办于 2013 年 9 月，坐落在芜湖城东政务新区天池路与国泰路交叉口，占地面积约 57000 平方米，总建筑面积约 44000 平方米，系芜湖市教育局直属的一所九年一贯制学校。2020 年 12 月，受中共芜湖市委、芜湖市人民政府表彰，学校获评"芜湖市高质量发展先进集体"，系全市（含县区）教育系统唯一获此殊荣的学校。近年来，学校在多项工作中表现优异，获评"安徽省首批中华优秀传统文化传承学校""安徽省教科文卫体系统工会女职工工作先进集体""第十八届上海教育博览会优秀参展单位""芜湖市文明校园""芜湖市中小学心理健康教育特色学校""2022 年'戏曲进校园'活动优秀类学校""芜湖市中小学劳动教育示范学校""芜湖市中小学'人工智能+教育'应用星级实验学校十星级学校""市直教育系统'先进基层党组织'"等。

学校办学规模逐步扩大，师资力量逐步增强。学校环境优美，硬件设施设备完善先进。在办学的第十个年头，学校集众人智慧而提出了"净雅教育"理念。学校不断深耕学生全面发展、坚持"五育并举"，校训"净其心　雅其行"已成为全校师生的心灵呼唤和行为准则，持续推进学校高质量发展。

第一章 总 则

第一条 为全面贯彻党的教育方针，落实立德树人根本任务，培养德智体美劳全面发展的社会主义建设者和接班人，以习近平新时代中国特色社会主义思想为指导，根据《中华人民共和国教育法》《中华人民共和国义务教育法》《中华人民共和国教师法》《中华人民共和国未成年人保护法》《中华人民共和国民法典》《关于建立中小学校党组织领导的校长负责制的意见（试行）》等法律、法规、规章和有关政策规定，结合学校实际，制定本章程。

第二条 学校坚持和加强党的全面领导，高举中国特色社会主义伟大旗帜，以马克思列宁主义、毛泽东思想、邓小平理论、"三个代表"重要思想、科学发展观、习近平新时代中国特色社会主义思想为指导，衷心拥护"两个确立"，忠诚践行"两个维护"，全面贯彻党的基本理论、基本路线、基本方略，全面贯彻党的教育方针，落实立德树人根本任务，坚持教育为人民服务、为中国共产党治国理政服务、为巩固和发展中国特色社会主义制度服务、为改革开放和社会主义现代化建设服务，坚守为党育人、为国育才，培养德智体美劳全面发展的社会主义建设者和接班人。

第三条 章程是学校组织结构、管理运行的基本准则，学校其他规章制度不得与本章程相抵触。

学校建立健全本章程统领下的规章制度体系。学校规章制度的立、改、废，均应依法依规进行。

第四条 学校全称为芜湖市第十一中学城东校区（曾用名：安徽师范大学附属外国语学校城东校区等），地址：小学部坐落于鸠江区国泰路与天池路交叉口，初中部2023年9月迁至鸠江区云从路与赤铸山路交叉口。

第五条　学校为安徽省芜湖市事业单位登记管理局依法依规登记的事业单位，隶属于芜湖市教育局，为实施九年制中小学义务教育的全日制公办教育机构，属非营利法人，具有独立法人资格，独立承担法律责任。

第六条　学校宗旨和业务范围：全面贯彻国家的教育方针，执行国家和省、市教育行政部门制定的教育教学标准，实施小学、初中学历教育，促进学生全面发展、教师专业发展、学校内涵发展和高质量可持续发展。

第七条　学校发展目标与办学原则：办与国际接轨的特色学校，育为中华振兴的优秀人才；"德育为首，教学为主，育人为本"。

第八条　在"净雅教育"的办学理念下，优化"净雅"管理，提高办学质量；培养"净雅"教师，树教育家精神；创设"净雅"课程，提升育人品质；实行"净雅"评价，促进学生发展；建设"净雅"校园，营造培育环境。

第九条　学校招生对象和招生规模以芜湖市教育局核定的班级数为准。

第十条　学校的校训为"净其心　雅其行"，学校的校风为"心至善行至美"，学校的教风为"启智润心　立己达人"，学校的学风为"明辨善思　笃志力行"，学校的育人目标为"培根铸魂　求是至臻"；校园文化为"净雅教育"。

第十一条　学校的校歌为《曙光》；学校的校徽为：

第二章　坚持和加强党的全面领导

第十二条　设立中国共产党芜湖市第十一中学城东校区总支部委员会，由学校党员大会选举产生，党组织关系隶属于市第十一中学党委。学校党总支设书记1名，主持党总支全面工作；设副书记1名、委员5名。委员中设纪律检查委员1名，作为学校的党内监督岗位。书记、副书记、委员按照干部管理权限和基层党组织选举有关规定产生，每届任期3年。

第十三条　学校实行中国共产党芜湖市第十一中学城东校区总支部委员会领导的校长负责制。学校党总支全面领导学校工作，履行把方向、管大局、作决策、抓班子、带队伍、保落实的领导职责，履行党章和有关党内法规规定的各项职责，支持和保证校长依法依规行使职权，保障学校各项工作的顺利进行。具体职责为：

（一）坚持以习近平新时代中国特色社会主义思想为指导，深刻领悟"两个确立"的决定性意义，增强"四个意识"、坚定"四个自信"、做到"两个维护"，贯彻党的基本理论、基本路线、基本方略，坚持为党育人、为国育才，确保党的教育方针和党中央决策部署在学校得到切实贯彻落实；

（二）坚持把政治标准和政治要求贯穿办学治校、教书育人全过程各方面，坚持社会主义办学方向，落实立德树人根本任务，团结带领全校教职工推动学校改革发展，培养德智体美劳全面发展的社会主义建设者和接班人；

（三）讨论决定事关学校改革发展稳定及教育教学、行政管理中的"三重一大"事项和学校章程等基本管理制度，支持和保证校长依法依规行使职权；

（四）坚持党管干部原则，按照有关规定和干部管理权限，负责干部的教育、培训、选拔、考核和监督。讨论决定学校内部组织机构的设置及其负责人的人选，协助上级党组织做好学校领导人员的教育管理监督等工作；

（五）坚持党管人才原则，按照有关规定做好教师等人才的培养、招聘、使用、管理、服务和职称评审、奖惩等相关工作；

（六）组织学习贯彻习近平新时代中国特色社会主义思想，开展社会主义核心价值观教育，抓好学生德育工作，做好教职工思想政治工作和学校意识形态工作，加强师德师风建设和学校精神文明建设，推动形成良好校风、教风、学风；

（七）加强学校各级党组织建设和党员队伍建设工作，严格执行"三会一课"等党的组织生活制度，发挥基层党组织战斗堡垒作用和党员先锋模范作用；

（八）坚持全面从严治党，领导学校党的纪律检查工作，落实党风廉政建设主体责任；

（九）领导工会、共青团、妇女组织、少先队等群团组织和教职工（代表）大会，强化党建带团建、队建，推进党、团、队一体化建设，加强学生会和学生社团管理，做好统一战线工作；

（十）讨论决定学校其他重要事项。

第十四条　健全集体领导和个人分工负责相结合的制度，学校党总支实行民主集中制，凡属重大问题都要按照"集体领导、民主集中、个别酝酿、会议决定"的原则，由党总支会议集体讨论作出决定。党总支班子成员根据集体的决定和分工，切实履行职责。

学校党总支书记主持党总支全面工作，履行全面从严治党第一责任人职责，负责组织党总支重要活动，督促检查党总支决议贯彻落实，督促党总支班子成员履行职责、发挥作用，支持校长开展工作。

第十五条　学校党总支会议讨论决定学校重大问题。党总支会议由书记召集并主持，根据工作需要，不是党总支委员的行政班子成员可列席会议，学校党总支书记也可安排其他人员列席会议。

学校党总支会议议题由学校领导班子成员提出，党总支书记确定。会议应当有半数以上党总支班子成员到会方能召开；讨论决定干部任免等重要事项时，必须有三分之二以上党总支班子成员到会。

学校对照相关示范文本，结合实际，制定党总支会议的会议制度和议事规则，按照管理权限报教育主管部门审查和备案后遵照执行。

第十六条 学校建立与党组织领导的校长负责制相适应的保障机制，健全党务工作机构，充实党务工作力量，落实党务工作队伍激励保障措施。

第十七条 学校不断完善基层党组织建设机制，推动党建工作与教育教学、学生德育和教职工思想政治工作深度融合，加强党员队伍建设，为党组织活动提供必要条件，将党组织活动经费纳入学校预算，支持党组织开展党的活动，加强党建阵地、场所、设施等建设，把党组织建设成为办学治校、教书育人的坚强战斗堡垒。

第三章　学校治理结构

第十八条 学校设校长，在学校党总支领导下，全面负责教育教学和行政管理等工作，并承担主要行政责任和相应法律责任。学校设副校长。校长、副校长由上级机关按照干部管理权限聘任。

校长是学校主要行政责任人，依法依规登记为法定代表人。

第十九条 校长履行下列职权：

（一）研究拟定和执行学校发展规划、基本管理制度、内部教育教学管理组织机构设置方案。研究拟定和执行具体规章制度、年度工作计划；

（二）组织开展教学活动和教育教学研究，加强教育教学管理，深化教育教学改革，负责招生、课后服务、就业和学生学籍管理；

（三）加强学生德育、智育、体育、美育、劳动教育和心理健康教育、安全教育，提高学校思政课教学质量。加强学校语言文字工作规范化建设，组织开展学校文化活动和科学普及活动，建设文明校园；

（四）研究拟定和执行学校重大建设项目、重要资产处置、重要办学资源配置方案，管理和保护学校资产；

（五）研究拟定和执行学校年度预算、大额度支出，加强财务管理和审计监督；

（六）加强教师等各类人才日常教育管理服务工作，依据有关规定与教师以及内部其他工作人员订立、解除或终止聘用合同；

（七）做好学校安全稳定和后勤保障工作；

（八）组织开展学校对外交流与合作，加强学校与社会、家庭的联系，形成育人合力；

（九）向学校党组织提议研究、报告重大决议拟定执行情况，向教职工（代表）大会报告工作，支持群团组织开展工作，依法依规保障师生员工合法权益；

（十）履行法律法规和学校章程规定的其他职权。

第二十条　校长办公会议是学校行政议事决策机构，负责研究提出拟由学校党总支讨论决定的重要事项方案，具体部署落实党总支决议的有关措施，研究处理教育教学和行政管理等工作。校长办公会议由校长召集并主持，参加人员一般为学校行政班子成员，不是行政班子成员的党组织班子成员可参加会议。会议议题由学校领导班子成员提出，校长确定。会议应当有半数以上行政班子成员到会方能召开。校长在广泛听取与会人员意见基础上，对讨论研究的事项作出决定。

学校对照相关示范文本，结合实际，制定校长办公会议制度和议事规则，按照管理权限报教育主管部门审查和备案后遵照执行。

第二十一条　学校设立办公室、党办、工会、教务处、政教处、总务处、教科室等内设机构和年级组、学科教研组等教育教学单位，其负责人由学校党总支按照干部管理相关规定做好选任工作。学校党办及人事、德育、共青团等部门负责人应为中共党员；内设机构负责人为中共党员的，一般应当任该党支部书记。

第二十二条 学校建立教职工代表大会制度，教职工代表大会是教职工依法参与学校民主管理和监督、维护合法权益的基本形式，在学校党总支领导下开展工作，工作机构为学校工会，负责闭会期间的日常工作。

学校教职工代表大会依法依规行使下列职权：

（一）听取学校章程草案的制定和修订情况报告，审议讨论、提出修改意见和建议；

（二）听取学校发展规划、教职工队伍建设、教育教学改革、校园建设以及其他重大改革和重大问题解决方案的报告，审议讨论、提出意见和建议；

（三）听取学校年度工作、财务工作、工会工作报告以及其他专项工作报告，审议讨论、提出意见和建议；

（四）讨论通过学校提出的与教职工利益直接相关的福利、校内分配实施方案以及相应的教职工聘任、考核、奖惩办法；

（五）审议学校上一届（次）教职工代表大会提案的办理情况报告；

（六）按照有关工作规定和安排，评议学校领导干部；

（七）通过多种方式对学校工作提出意见和建议，监督学校章程、规章制度和决策的落实，提出整改意见和建议；

（八）讨论法律法规规定的以及学校与学校工会商定的其他事项。

第二十三条 学校建立工会、中国共产主义青年团、少先队工作委员会、妇女组织等群团组织，依照各自章程、议事规则履行职责、开展工作，充分发挥各群团组织在学校管理和服务师生中的作用，维护教职工和学生的合法权益。

第二十四条 学校履行校园安全管理主体责任，落实校园安全书记、校长安全工作负责制。

学校建立健全校园安全管理制度，制定完善校园安全应急预案，定期开展安全教育，组织安全演练，实行安全风险评估和检查，加强校园及周边综合治理，防范安全事故发生。

第二十五条　学校积极推进法律顾问制度、法治副校长等法治工作机制建设，积极发挥法治副校长和法律专业人士对提高学校依法治校水平的作用。

学校聘请法律顾问、法治副校长、法治辅导员，协助开展法治教育、学生保护、安全管理、预防犯罪、依法治理等工作。

第二十六条　学校建立校内申诉制度，分别成立学生申诉机构和教职工申诉及调解机构。

涉及师生处分、申诉等事项，学校可主动举行听证；师生申请听证的，按规定举行听证。

第二十七条　学校依法依规实行党务、校务等信息公开制度，接受教育主管部门、其他有关部门、社会公众、家长以及学校党组织、内部管理机构、教职工（代表）大会的监督，听取社会各界对学校工作的意见和建议。

第四章　学　生

第二十八条　按照招生政策被学校录取或转入学校学习，且办理入学注册手续后取得学籍的，为本校学生。

第二十九条　学生享有法律法规规定的受教育的权利，主要有：

（一）参与学校组织的各种教育教学活动，使用学校提供的教育教学资源；

（二）参与学校、班级管理，评议学校工作和教师的教育教学工作；

（三）按照国家有关规定获得奖学金、助学金；

（四）在品行和学业成绩上获得公正评价，完成规定的学业后获得相应的学业证书；

（五）对学校给予的处分或处理有异议，对学校、教职工侵犯其受教育权、人身权、财产权等合法权益的行为，可依法提出申诉或提起诉讼；

（六）法律法规规定的其他权利。

第三十条 学生履行法律法规规定的受教育的义务，主要有：

（一）遵守法律法规，遵守《中小学生守则》，遵守学校章程及规章制度，遵守公共秩序和学生行为规范要求，养成良好品行；

（二）努力学习，完成规定的学习任务；

（三）承担在学生自治活动中当选职务的相应职责；

（四）爱护学校提供的教育教学资源；

（五）法律法规规定的其他义务。

第三十一条 学校按照有关规定实行学籍管理，建立学生学籍档案，依法依规办理学生转学、休学、复学、退学、恢复学籍等相关手续，依法依规对学生给予奖励和处分。

学校对修完修学年限内规定的课程且综合素质、学科学习业绩达到毕业条件的学生，准予毕业并发给毕业证书。

第三十二条 学校建立学生成长档案，对学生实施综合素质评定，促进学生全面发展。对每学期评价结果不仅要记入学生本人档案，还要记入学生成长手册。

学校依法依规制定校规校纪，对德智体美劳诸方面均表现突出、在某方面有突出成绩或进步显著的学生，予以表彰和奖励；对违反校纪校规的学生予以批评教育，并可对情节严重者给予相应处分。

第三十三条 学校对在籍在读家庭经济困难的学生，按照有关规定通过免除相应费用、提供助学金等方式给予资助。

第五章　教职工

第三十四条　学校教职工由教师和其他专业技术人员、管理人员等组成。

第三十五条　依据《中华人民共和国教师法》，教师享有下列权利：

（一）开展教育教学活动，从事教育教学改革和实验；

（二）参加教育教学科研、学术交流活动，加入专业学术团体，在教研和学术活动中充分发表意见；

（三）指导学生学习，引领学生发展，评定学生品行和学业成绩；

（四）按时获取工资报酬，享受国家规定的福利待遇以及寒暑假的带薪休假；

（五）通过教代会或其他形式参与学校管理，对学校工作提出意见和建议；对学校重大事情有知情权，对不公正待遇或处分有申诉权；

（六）使用学校设施设备、图书资料及其他教育教学用品；

（七）根据需要和学校安排，参加进修或其他方式的培训。

第三十六条　依据《中华人民共和国教师法》，教师应履行下列义务：

（一）遵守法律法规和职业道德，为人师表；

（二）贯彻国家教育方针，遵守规章制度，执行学校的工作计划，履行教师聘任合同，完成教育教学工作任务；

（三）对学生进行国家法律法规所确定基本原则的教育，包括爱国主义、集体主义、民族团结、生态文明、遵纪守法、思想品德、文化艺术、科学技术等教育，组织与带领学生开展有益的社会活动；

（四）关心、爱护全体学生，尊重学生人格，促进学生德智体美劳全面发展；

（五）经常与家长取得联系，形成家校教育合力，共同做好学生的教育工作；

（六）制止有害于学生、侵犯学生合法权益的行为，批评和抵制不利于学生健康成长的现象；

（七）不断提高思想政治觉悟和教育教学业务水平。

第三十七条 学校根据核定的编制数、岗位数和岗位任职条件及教育主管部门、学校相关规定聘用教职工，公开招聘，竞聘上岗，依法依规与聘用人员签订聘用合同，对聘用人员实行岗位管理制度、职称评聘制度和绩效工资制度。

第三十八条 学校制定教职工培训规划和计划，对教师和其他教职工进行多种形式的思想政治、法律法规和业务培训。

第三十九条 学校依法依规建立教职工考核制度，对教职工进行相关考核，考核结果作为评先评优、职称评聘、岗位晋升、资格注册、薪酬分配、续聘解聘以及奖励处罚的重要依据。

第四十条 学校教职工工资报酬、福利待遇按照有关规定执行。学校贯彻按劳分配原则，实行绩效工资分配方案。坚持效率优先、一线优先原则，兼顾公平。

第四十一条 学校对于在教育教学、培养人才、科学研究、教学改革、学校建设、社会服务、勤工俭学等方面作出优异成绩的教职工予以表彰、奖励。

学校对违反法律法规规章、学校规章制度、职业道德规范和聘用合同，或在工作中造成失误和不良影响的教职工，视情节轻重，按照有关规定予以处理。

第六章　教育教学管理

第四十二条 学校以立德树人为根本任务，坚持五育融合，实施素质教育，建立健全学生全面培养体系，培养德智体美劳全面发展的社会主义建设者和接班人。

学校严格落实国家课程方案和课程标准，结合实际，科学构建"净雅教育"特色校本课程。

第四十三条　学校坚持育人为本，德育为先，建立健全德育工作体系，充分发挥全体教职工的育人作用，深化课程育人、文化育人、活动育人、实践育人、管理育人、协同育人，塑造学生良好的道德品质，关注学生心理健康教育，形成全员、全过程、全方位育人格局。

第四十四条　学校建立健全年级组、教研组、备课组等教育教学基层管理机制。学校按照减轻学生负担、提高教学质量的要求，从备课、上课、作业、辅导、考试、评价等环节入手，加强课程教学全过程管理，形成课程教学质量保障体系和质量评估体系。

学校加强教学研究和教育科研工作，健全完善教学研究制度和促进教学改革制度，提升教师的业务水平、教学能力，推动教学改革，提高课程与教学质量。

第七章　财务管理

第四十五条　学校开办资金为人民币 790.7 万元。学校具体经费来源主要为财政补助收入。

第四十六条　学校财务管理实行中国共产党芜湖市第十一中学城东校区总支部委员会领导的校长负责制。校长在学校党总支领导下，依法依规管理财务工作，对财务资料的真实性、完整性负责。

学校建立健全财务管理制度，财务活动严格按有关财务制度执行。

学校依法依规制定经费使用管理制度，并依据相关制度使用和管理经费。

第四十七条 学校资产受法律保护，任何单位、个人不得侵占、私分和挪用。

学校对侵占、损坏校舍、场地、设施等的行为和侵犯学校名称权及无形资产的行为，履行国有资产管理职责，依法依规追究侵权者的责任。

对学校财物造成损坏的行为，应当依法依规赔偿。

第四十八条 学校依法依规建立健全资产管理制度，明确资产使用人和管理人的岗位责任，按照规定设置国有资产台账，加强和规范资产配置、使用和处置管理，维护资产安全完整，提高资产使用效率。涉及资产评估的，按照有关规定执行。

学校应当汇总编制学校行政事业性国有资产管理情况报告。

学校应当定期或者不定期对资产进行盘点、对账。出现资产盘盈盘亏的，应当按照财务、会计和资产管理制度有关规定处理，做到账实相符和账账相符。

学校对需要办理权属登记的资产应当依法依规及时办理。

第四十九条 学校应当依法依规履行职能，根据事业发展的需要，结合资产存量、资产配置标准、绩效目标和财政承受能力配置资产。优先通过调剂方式配置资产，不能调剂的，可以采用购置、建设、租用等方式。

学校向教职工和学生提供符合国家安全标准的教育教学设施设备，有计划地进行学校基本建设和维护修缮工作，并及时检查、维修，消除安全隐患。

学校加强对体育馆、图书馆、实验室、计算机房等设施的管理，充分发挥教学设施、仪器设备、体育器材、图书音像资料的使用效益，防止设备设施的闲置和浪费。

第五十条 学校组织收入应当合法合规，各项收费应当严格执行国家规定的收费范围、收费项目和收费标准，不得擅自扩大收费范围、增加收费项目、提高收费标准。

学校对按照规定上缴国库或者财政专户的资金，应当按照国库集中收缴的有关规定及时足额上缴，不得隐瞒、滞留、截留、占用、挪用、拖欠或坐支。

第五十一条　学校严格遵守法律法规规章和有关政策规定接受捐赠，坚持自愿无偿、公益性和公开性原则。捐赠的使用按照学校宗旨、捐赠协议约定和相关规定开展。

第八章　学校与家庭、社会

第五十二条　学校遵循民主、公开、自愿的原则成立家长委员会，成员可以通过学生家长自愿报名、民主推选等方式产生。

学校充分发挥家长委员会的桥梁纽带作用，以多种形式听取家长对学校工作的意见建议，取得家长的支持帮助；加强家长委员会工作指导，明晰工作职责，完善工作制度，规范工作行为，保障作用发挥；严格家长通讯群组信息发布管理。

第五十三条　学校建立健全家庭教育工作机制，统筹家长委员会、家长学校、家长会、家访、家长开放日、家长接待日等家校沟通渠道，丰富学校家庭教育指导服务内容，定期组织公益性家庭教育指导服务和实践活动。

第五十四条　学校根据教育教学需要，聘请兼职教师和校外学生辅导员，建立或者利用德育、科普、法治、研学、劳动等教育基地，组织开展校外教育活动。

学校依托所在社区，开发社区教育资源，开展社会实践活动和社会公益活动，为学生创造服务社区和实践体验的机会，积极参与社区精神文明建设，争取社区支持，提升学校治理水平。学校发挥自身优势，配合社区开放校内文化设施和体育场地。

第五十五条　学校根据办学实际需要，开展校际（校企）交流合作，不断扩大对外交流，拓宽教育视野，提升办学水平。

第九章　终止与剩余资产处理

第五十六条　学校有以下情形之一的，应当终止：

（一）经审批机关决定撤销；

（二）因合并、分立而解散；

（三）因其他原因依法依规应当终止的。

第五十七条　学校在申请注销登记前，应当在举办者和有关部门的指导下，成立清算组织，开展清算工作。清算期间不开展清算以外的活动。

清算工作结束，形成清算报告，按程序报批同意后，向登记管理机关申请注销登记。

第五十八条　学校终止后的剩余资产，按照有关法律、法规、规章、政策进行处置。

第十章　附　则

第五十九条　本章程经学校教职工代表大会讨论通过，校长办公会议审议通过，学校党总支会议讨论审定后，并按照规定程序备案后实施。

第六十条　学校有下列情形之一的，应当依据章程制定程序对章程进行修订，并按照规定程序备案：

（一）章程规定事项与法律、法规、规章和有关政策相冲突；

（二）法律、法规、规章和有关政策发生变化，需要对章程进行相应调整；

（三）学校发生分立、合并、终止；

（四）学校名称、类别层次、办学宗旨、发展目标、举办与管理体制等重大事项发生变化；

（五）章程内容与实际情况不符；

（六）其他应当修改章程的情形。

第六十一条　本章程未尽事宜按照法律法规及上级文件政策执行。本章程内容如与法律、法规、规章及有关政策相抵触时，以法律法规、规章及有关政策的规定为准。

第六十二条　本章程由学校办公室负责解释。

芜湖市第十一中学城东校区"十佳班主任""优秀班主任"评选方法

为贯彻落实《教育部关于进一步加强中小学班主任工作意见》等文件精神，加强我校班主任队伍建设，充分发挥班主任队伍先进典型的示范引领作用，调动班主任的工作积极性、主动性和创造性，提高德育工作水平，选拔"十佳班主任""优秀班主任"参加市级评选，特制定此方案。

一、评选领导组

学校党总支书记、校长任组长，副校长为副组长，中层行政干部为组员。

二、评选原则

1.坚持师德第一标准。

2.突出工作实绩和贡献。

3.坚持公开、公平、公正。

三、评选条件

在学校从事班主任工作5年以上，且在近2年的学期期末班主任工作评估中获得过"优秀"，并具备以下条件：

1.全面贯彻党的教育方针，热爱班主任工作，坚持立德树人，有高度的责任心和事业心，育人效果显著。

2.模范遵守《新时代中小学教师职业行为十项准则》，师德高尚，掌握教育学、心理学相关知识，熟悉教育法律法规。爱护和关心学生，尊重学生人格，注重人文关怀和心理疏导，讲究工作艺术，用正确方式教育引导学生，平等与学生进行沟通和交流，师生相处和谐，深受学生爱戴，得到家长的好评。

3.出色完成《中小学班主任工作规定》的职责与任务，重视加强对学生的社会主义核心价值观教育，注重培养学生良好的思想道德品质和行为习惯，所带班级具有积极向上、团结互助、遵纪守法、文明礼貌的良好班风，具有勤奋、严谨、求实、创新的优良学风。

4.积极组织开展班集体的社会实践活动、课外兴趣小组活动、社团活动和各种文体活动，认真指导班级团队组织建设和活动，充分发挥学生的积极性和主动性，挖掘学生潜能。所带班级素质教育成果显著，学生个性得到充分发展。

5.具有丰富的实践经验、较强的组织协调能力和表达能力，协调处理好班级与任课教师、本班与其他班级的关系，注重与家庭、社区的联系与沟通，积极开展家访，业绩突出。

6.具备较强的教学和研究能力，注重对班主任工作的思考与创新，并有县级以上相关研究成果（含发表、获奖、交流的论文、案例、教案、课件或课题）。

近5年有以下情况者，原则上不予申报：

1.已获得过芜湖市及以上等级德育类荣誉，如"先进班集体""优秀团支部""优秀少先队辅导员"等（有重大贡献的除外）。

2.被举报且经查属实者，不予申报。

3.考勤不合格者，不予申报。

四、评选程序

1.自主申报。

符合参选条件的班主任自主申报，在规定时间内将《芜湖市第十一中学城东校区"十佳班主任""优秀班主任"申报评分表》及各类证件、获奖证书扫描件等电子稿，以"姓名+证件/证书类型"命名，打包上报至政教处邮箱，逾期不予受理。

2.校级评选。

学校组织相关专家、领导，根据评选条件，结合班主任自主申报材料及工作实绩进行评选。

3.择优上报。

校级评选结束后即公布评选结果，并进行公示。公示结束后择优上报市教育局德育科。

五、其他

该方案经2023年7月23日教代会讨论通过，自通过之日起开始施行。

附件：《芜湖市第十一中学城东校区"十佳班主任""优秀班主任"申报评分表》。

芜湖市第十一中学城东校区"十佳班主任""优秀班主任"申报评分表

内　容	评分标准	权重分	自评分	评选得分
从事班主任工作年限	在本校任班主任8年及以上得10分;5~7年得8分(服从学校安排到其他学校任班主任视作等同)	10分		
接受班主任工作态度	服从学校安排,接受班主任工作等均得10分;不服从安排,酌情扣分	10分		
班级管理能力	近五年的期末班主任工作评估中,每获得一次"优秀"得4分	40分		
教书育人成果	所带班级学生在教育教学主管部门组织的各类比赛中获奖均按以下标准赋分:市、省、国家一等奖分别赋2分、3分、4分;二等奖分别赋1.5分、2.5分、3分;三等奖分别赋1分、2分、2.5分。班级集体获奖是同等次得分的两倍。此项总分不超过20分(非教育教学主管部门组织的比赛获奖不计分)	20分		
教育研究能力	具备较强的教学和研究能力,注重对班主任工作的思考与创新,有市级以上相关研究成果(含发表、获奖、交流的论文、案例、教案、课件或课题等),按以下标准赋分:市、省、国家一等奖分别赋3分、4分、5分;二等奖分别赋2分、3分、4分;三等奖分别赋1分、2分、3分。德育类获奖得分是同等次得分的两倍。此项总分不超过20分	20分		
总　　分		100分		

芜湖市第十一中学城东校区
教师教学与科研评估细则

学科：　　　　　　　　　　　　姓名：

环节	项目	分值	等　级	赋分	得分
常规教学（45分）	教学效果	5	课堂教学效果突出，受到同行广泛好评	5	
			教学效果良好，受到师生较高评价	3	
			教学效果较好，教学业绩在同年级居中等以上水平	2	
			教学效果一般，教学业绩在同年级处于一般水平	1	
	落实"双减"	7	严格执行"双减"政策，高质量完成课后服务工作	7	
			基本执行"双减"政策，能承担课后服务工作	4	
			执行"双减"政策有偏差，承担课后服务工作有偏差	0	
	上交教学资料	5	按时、按质、按量上交各种教学资料	5	
			没按时但能交齐各种教学资料	3	
			没有交齐规定的教学资料	0	
	电子备课检查	8	按时送检，获优秀等级，备课渗透德育、安全知识	8	
			按时送检，获良好等级，备课渗透德育、安全知识	6	
			按时送检，获合格等级	5	
			没能按时送检	4	
			备课不严谨，撰写不认真	2	
	听课笔记检查	7	听课、评课次数多(15次以上)，评价完整、规范	7	
			完成听课评课次数，记录评价较规范	5	
			未完成听课评课次数，少有评价	3	
	学生作业批改	10	作业有特色，批改认真，有评价，批阅及时	10	
			作业符合规范，批改较认真，有评价	8	
			作业批改次数少，不及时反馈	5	
			作业不批改	0	

环节	项目	分值	等 级	赋分	得分
常规教学（45分）	智慧课堂使用情况	3	智慧课堂使用高效,使用效果很好	3	
			能使用智慧课堂进行教学,使用效果较好	1	
			从不使用智慧课堂进行教学	0	
教育科研（40分）	校本教研	8	教研活动满勤,承担市级公开课或主题培训	8	
			教研活动满勤,承担校级公开课或主题培训	5	
			教研活动基本参加	3	
			很少参加教研活动,不服从学校的教研安排	0	
	教研论文	7	省级以上、市一等奖或发表论文(专著)	7	
			市级二等奖以上论文	6	
			市级三等奖或交流论文	5	
	学科竞赛	5	辅导的学生获市级一等奖或省级以上奖	5	
			辅导的学生获市级二等奖及以上	4	
			辅导的学生获市三等奖	3	
	课题研究	7	主持省级立项课题研究,并有突出成果	7	
			主持市级立项课题研究,并有突出成果	6	
			积极参与省级课题研究,并上交研究成果	4	
			积极参加市级课题研究,并上交研究成果	3	
			未参加课题研究	0	
	优质课评比	7	获市级一等奖或省级以上奖	7	
			获市级二等奖	5	
			获市级三等奖	3	
			无获奖	0	
	其他教学评比	6	获市级一等奖或省级以上奖	6	
			获市级二等奖	4	
			获市级三等奖	2	
			无获奖	0	

续　表

环节	项目	分值	等　级	赋分	得分
学生反馈（10分）	学生反馈	10	学生反映很好	10	
			无不良反映	8	
			有不良反映,且情况属实	5	
			发生教学事故	0	
服从学校工作安排（5分）	服从情况	5	大力支持学校各项工作	5	
			基本支持学校工作	2	
总得分					

芜湖市第十一中学城东校区
外籍教师管理规定

为了加强在学校外籍教师（指长期外教专家、短期讲学专家和一般外籍教师）的教学管理工作，充分发挥外籍教师在教学和科研中的作用，特制定本规定：

一、根据外籍教师所授课程门类的工作性质，每周授课时数不少于16学时。外籍教师要严格履行合同，不得自行随意调课，不得利用教学时间外出观光、旅游。

二、学校向外籍教师介绍我国的教育方针、政策、教学制度，学校的培养目标、教学组织、教学计划和教学中的重大改革和重大问题，并注意收集他们的反馈，听取他们的意见。

三、外籍教师应按我校的教学要求进行教学。开学初，外籍教师要制订出教学计划，交学校存档，学期末要对自己的教学工作进行书面小结。

四、外籍教师应按照学校指定的教学计划、教学大纲进行教学，具体教材的选用由教务处、对外交流处和外籍教师协商决定。鼓励外籍教师引进国外比较先进的教材和视听辅助教材。外籍教师所推荐的教材，凡符合我国法律规定且有利于教学的尽量采纳；凡属于我校教学空白和薄弱学科的教材，应及时组织力量编译。

五、学校允许外籍教师用不同的方法进行教学，鼓励外籍教师提出意见和建议。凡有利于改进教学而又切实可行的意见和建议应当采纳并付诸实施；对不合理的或暂时做不到的应及时作出解释。教务处领导应经常与外籍教师交换意见并探讨有关教学问题，欢迎他们参加有关业务的学术会议。

六、外籍教师要根据学生的接受能力，采用恰当的教学方法组织教学，注意听取学生对教学工作的意见和要求。对学生合理的建议、要求应积极采纳，不断改进自己的教学方法。

七、外籍教师要给学生布置作业，及时批改、评讲，每周安排一定时间进行答疑辅导。

八、外籍教师要严格要求学生，鼓励学生好学上进。每学期初要根据不同的年级制订教学计划。要大胆管理，组织好课堂教学。

九、外籍教师要关心学生道德品质的培养，向学生介绍外国优秀的传统文化和良好的道德风尚。

十、外籍教师要接受学校、教务处听课或其他方式的对教学情况的检查、评估，接受学生对自己的教学质量的评估。

十一、对教学或研究工作成绩显著的外籍教师，可给予精神或物质奖励，亦可授予先进工作者、模范教师等称号。对工作表现不好者，应采取适当方式予以批评，促其改正；对表现恶劣不能完成工作任务的，学校有权予以解聘，并上报主管部门备案。通过官方、校际协议来华的外籍教师，应按协议规定办理。

十二、外籍教师不得以学校名义在我校学生中散发《圣经》等宗教书籍，不准进行传教或宣传宗教活动。在教学中一般性涉及宗教背景及相关知识介绍，不应简单被视为宣传宗教。在教学中，如遇到政治观点上的分歧，学校应区别不同的情况和性质，妥善处理。一般可正面阐明我们的观点，予以解释，但注意不要强加于人。对有意攻击、挑衅性政治问题，应当予以批驳，并及时向上级主管部门汇报。

十三、对外籍教师在研究和教学中所遇到的困难和问题，应及时帮助解决。外籍教师主动向我校赠送的教学用图书、资料、电教和实验设备等，学校可以接受，并可酌情回赠物品。

十四、学校应鼓励外籍教师在我国学术刊物上发表学术论文，并组织他们参加教学和学术讨论会。

十五、学校教务处全面负责外籍教师的涉外工作；外籍教师的教学管理由教务处负责。

十六、本条例内未尽事宜，参照国家外事管理有关规定执行。

芜湖市第十一中学城东校区
校园安全事故应急处理预案

制定校园安全应急处理预案可以预防事故的发生，并保证师生充分了解发生重大事故时的安全措施，一旦发生事故，能够做到及时报警，自助自救，确保国家财产和师生生命安全。根据《芜湖市教育系统突发事件应急预案》，结合学校实际，特制定本应急预案。

一、学校安全工作小组

学校党总支书记、校长任组长，副校长为副组长，中层行政干部为组员。

二、领导小组职责

1.有关部门当有安全问题出现时，必须按照预案迅速开展工作，力争将损失降低到最低程度，并根据事故发生状态，统一部署预案的实施工作，对工作中发生的问题采取紧急处理措施。

2.做好稳定工作。配合上级部门做好安全问题的调查处理工作；适时发布通告，将问题的原因、责任及处理意见公布于众。

3.根据预案实施过程中出现的变化和问题，及时对预案提出调整、修订和补充意见。

三、首遇现场负责制及现场指挥系统

1.凡是校园内的学生、教师、后勤工作人员及校领导，在遇到安全问题时，首先要进行及时有效的处理和帮助，同时及时逐级上报。凡是遇到安全问题的第一目击人，没有对受到安全伤害的人实施有效的处理和帮助的，要追究其责任。

2.正常工作日突发事件的指挥。

由书记、校长负总责，主管副校长、主任各负其责，协调各职能部门统一行动。

3.非正常工作日突发事件的指挥。

非正常工作日由值班人员负责，并及时通知相关领导统一行动。

4.具体分工。

处置事件现场最高负责人由学校校长担任指挥，并根据事故性质、危害程度成立相应的工作小组。

四、安全事件报告制度

凡是遇到安全问题的第一目击人，要及时拨打社会职能部门电话119、110、120等，同时及时报告校长或相关领导。

凡发生师生伤亡，群体性食物中毒，突发传染性疾病或较大直接经济损失的重大安全事件，学校安全工作领导小组要立即上报，并在2小时内附上文字报告；报告内容要明确事故发生的时间、地点、伤亡、经济损失等情况。同时通知有关人员立即赶赴现场实施抢险救助工作。

五、安全事故应急预案

（一）突发传染性疾病事件

1.报告程序：

（1）学校发生突发传染病，学校安全工作领导小组在第一时间报告市疾控中心。

（2）学校同时速报市教育局。

2.处置措施：

（1）学校学生或教职工在家中出现风疹、流脑、麻疹、流感等传染性疾病，应及时就医并向学校请假，不得带病上学、上班。经医院诊断排除传染病后才能回校上课、上班。

（2）在校内发现患有传染病的学生或教职工，学校应急小组领导立即亲临现场指挥，在第一时间内选用学校隔离室进行隔离观察。

（3）学校立即封闭传染病病人所在班级教室或办公室及所涉及的公共场所，对与传染病人密切接触的学生、教职工进行隔离观察，以便迅速切断感染源，防止病情扩散。

（4）在卫生防疫部门的指导下对公共场所进行全面的消毒，指导学生服用预防药品。

（5）传染病人在医院接受治疗时，禁止任何同学、同事前往探望。

（6）班级发病人数或学校发病人数超过三分之一的，在确保传染源不扩散的情况下，报请市教育局和卫生防疫部门批准，实行全校停课，并采取一切有效措施，迅速控制传染源，切断传染途径，保护易感人群，具体做到：①封锁疫点。立即封锁患者所在班级或所在办公室，暂停学校一切活动。停止校内人员相互往来和与外界往来，等待卫生部门和教育局的处理意见。如校领导已隔离，由中层干部等组成临时班子，负责处理日常工作。待病情解除后，校领导班子开始工作。②疫点消毒。对学校所有场所进行彻底消毒。此项消毒可请防疫站操作，消毒结束后进行通风换气。③病情调查。学校密切配合市疾控中心进行流行病调查，对传染病人到过的场所、接触过的人员，以及患者的家庭成员、邻居、同事、同学进行随访，并采取必要的隔离观察措施。

3.注意事项：

（1）稳定师生情绪，积极开展预防知识的宣传，落实各项预防措施。要实事求是地讲清传染病的发病情况，不得渲染与夸大，以确保学校的稳定。

（2）学校要及时与家长沟通，得到家长的支持和配合。

（3）要维护正常的教育教学和工作秩序，做好治安保卫工作。

（4）事件发生后，及时向外公布事件真相和处理的进展情况。

（二）火灾事故

1.报警程序：

（1）发现火警后，迅速向校领导报告，并及时拨打火警电话"119"，报告内容要详实、准确，地点要具体。

（2）在报警的同时，要派出人员到主要路口等待并引导消防车辆。

（3）同时向市教育局报告。

2.救护措施：

（1）在报警的同时，迅速组织教职员工在确保安全的前提下携带消防器具赶赴现场进行扑救。

（2）各安全管理员要迅速打开安全出口，做好师生安全疏散工作。

（3）有效组织紧急疏散，疏散集合地点设在操场，由政教处带领班主任做好师生的清查和安顿工作。若一时撤离不出的，要迅速引导被困人员采取自救措施，等待救援人员救助。在撤离时必须坚持先学生后教师、先妇女后男士、先小孩后大人的原则。在消防车到来之后，校内人员配合消防专业人员扑救或做好辅助工作。

（4）疏散过程做到不慌乱，井然有序，避免拥挤，上下楼梯一律靠右行走，保证消防队员赶赴现场的通道畅通。

（5）学校在当地有关部门的领导和指导下组织应急小组，统一指挥和协调救助工作。

（6）火警现场由学校政教处、总务处、保卫科负责组织安排警戒、控制、现场保护、紧急疏散、伤亡救护等工作。

（7）使用器具：灭火器、水桶、脸盆、铁锨、浸水的棉被等。

（8）无关人员要远离火场和校区内的固定消防栓，以便于消防车辆驶入和消防人员组织扑救。

（9）严禁组织学生参加扑火。

3.扑救方法：

（1）扑救固定物品火灾，如木制品、棉织品等，可使用各类灭火器具。

（2）扑救液体物品火灾，如汽油、柴油、食用油等，只能使用灭火器、沙土、浸湿的棉被等，绝对不能用水扑救。

（3）扑救用电器具、用电线路火灾，应先切断电源。

4.注意事项：

（1）火灾事故首要的一条是保护人员安全，扑救要在确保人员不受伤害的前提下进行。

（2）火灾第一发现人应查明原因，如是电源引起，应立即切断电源。

（3）火灾发生后应掌握的原则是边救火，边报警。

（三）楼道安全管理及疏散

1.学生在课间、集会、做操等活动中要有规律、守秩序地上下楼，一律靠右行。

2.各班主任要进行遵守秩序、礼让、爱护同学的教育。

3.学校总务处要不定期地对学校楼道、楼梯设施、楼梯照明进行检查，发现问题，及时整改。

（四）非正常事故

1.学生在校内发生严重伤害事故，学校应立即救护学生，通知其监护人，并及时向教育局汇报。

2.学校一旦获悉本校学生发生非正常事故，应及时向教育局汇报详细情况，同时备案存档，并协助学生家长做好处理工作。

六、事故现场应急处置

1.领导小组根据事故类型，开展各项处置工作，及时听取、了解事故现场情况，研究抢救方案，采取相应措施，全力开展抢救工作。

2.在全力抢救伤员学生时，及时控制危险源，努力把事故损失控制到最低限度。

3.及时送伤员学生去医院急诊抢救。

4.班主任及时通知家长，做好家长的安抚工作。

5.总务处通知保险部门为投保学生做好有关医疗费的补偿赔付工作。

6.学校总务处及时写出事故报告。

七、防范监控

为了预防突发性事件的发生，学校要加强对重大事故隐患的排查，并进行整改。对一时难以整改的重大事故隐患，学校要建立档案，逐级上报，并制定防范监控方案，确保突发性事件的安全隐患得到及时消除和有效监控，从根本上杜绝重大事故的发生。

芜湖市第十一中学城东校区
师德师风考核办法

为加强和改进师德师风建设，提升教师的政治思想素质和业务工作能力，形成以身垂范、敬业爱生、严谨善导、教书育人的良好教风，提高教师队伍的整体素质，推进依法治教、依法执教进程，切实打造一支能够担当起教书育人重任的、让人民满意的高素质教师队伍，全面促进教育教学质量的提高，结合我校实际，特制定师德师风考核方案。

一、组织领导

学校成立考核工作领导小组和考核工作监督小组，负责组织领导和监督学校师德考评工作，考评办公室设在办公室，具体工作由办公室落实。

1.考核工作领导小组：

组　长：车文胜　汪国柱

副组长：陈配友　袁自全　王　文　晋自强　黄　荣　薛　涛

组　员：袁　芳　葛成云　陈玉胜　李　密　胡仓兵　刘君君

　　　　汪正辉　高　鹏　顾　宇　沙　浩

2.考核工作监督小组：

组　长：唐翠华

组　员：徐　峰　胡芳丽

二、师德师风考核项目及评分细则

师德师风考核项目分六大项，总分为100分。每个大项的扣分下不保底。总分低于60分的，师德师风考核为"不合格"。

（一）爱国守法

1.热爱祖国，忠诚于人民的教育事业，全面贯彻国家教育方针，自觉遵守教育法律法规，不得有违背党和国家方针政策的言行。否则每项（次）扣3分。

2.坚持政治学习、集体学习，做到不缺席、不迟到、不早退。缺席一次扣5分，迟到或早退一次扣2分。

（二）爱岗敬业

1.坚守考勤制度。旷工每半天扣5分，事假累计从第4天起（以学期计算）每半天扣1分，非住院病假累计从第6天起（以学期计算）每半天扣0.5分。

2.教学认真负责，坚持认真钻研教材，按要求备好课，按时上课，及时批改作业。无故缺课1节扣5分，迟到或早退一次扣2分。教案缺一节扣2分，作业少批改一人次扣1分，不参加集体阅卷一次扣3分。

3.工作时间或学校组织教师参加活动的时间，从事第二职业的或从事其他影响本职工作的其他职业的，经查实扣20分。

4.在工作时间上网聊天、玩电脑游戏、参与炒股的，每项（次）扣5分。

（三）关爱学生

1.不体罚和变相体罚学生，不得讽刺挖苦学生。否则，发现一次或举报查实一次扣10分。

2.认真履行安全教育及管理职责，做到防患于未然，杜绝安全隐患。因主观原因教育、管理不到位，造成学生安全责任事故的，每项（次）扣10分。

3.不偏爱学生，不得歧视后进生，不准随意停学生的课，不准随意赶走学生。对于停课或驱赶学生者，每一人（次）扣10分。

4.酒后上课或找学生谈话的，每项（次）扣5分。

（四）教书育人

1.积极转化后进生，认真辅导学生，每学期每位教师都要和1—2位学生结对帮扶，并有转化后进生的有关记录，未完成的扣5分。

2.班主任应定期家访，并经常与家长联系，做好家访记录。未达到家访规定要求或无记录的，每项（次）扣3分。

3.培养学生良好品行，循循善诱、诲人不倦、因材施教，促进学生全面发展。对学生的不良行为要及时予以纠正并教育，对学生违纪事件视而不见的，每人（次）扣5分。

（五）为人师表

1.积极参加学校组织的各项活动，缺席一次扣5分，迟到或早退一次扣2分。

2.树立教师的良好形象，做到仪表端庄，穿着服饰应符合教师要求。对在学生活动场所浓妆艳抹，着奇装异服、趿拖鞋，对穿背心进课堂，在校园内不按指定地点停放车辆，办公桌物品零乱堆放，在上课时间违规使用手机等通讯工具，或其他违反学校相关规定的，每项（次）扣5分。

3.教师应举止文明、作风正派，做到心胸坦荡，积极促进良好和谐的人际关系和工作环境的建立。在工作和生活中，应发扬批评和自我批评的优良作风，不搞阴谋诡计；对领导、同志和对工作有建议或意见，应通过正当的渠道提出。违反上述要求的，每项（次）扣5分。

4.同志之间应相互学习、取长补短、互相尊重，不挑拨离间、不搬弄是非。教师间吵架一次扣5分。

5.关心集体，维护学校声誉，不做有损学校声誉的事情。否则，每项（次）扣10分。

6.服从工作分配，完成学校分配的各项任务。否则，每项（次）扣5分。

7.教师应自觉接受社会和家长的监督，正确处理与社会及家长的关系。属主观原因与家长吵架一次，扣5分。

8.在教学区内或其他学生活动的公共场所吸烟的，一次扣5分。

9.严禁参与有偿招生或违规向招生机构推荐生源，否则，经查实，每生（次）扣10分。

10.严禁巧立名目乱收费，否则，每项（次）扣10分。

11.严禁强制向学生推销学习资料或各类用品，发现一例扣10分。

12.严禁有偿补课、有偿家教和违规办班补课，经查实，首次发生的，扣10分，再次发生的，师德师风考核确定为"不合格"。

13.严禁教师向家长索要或变相索要财物、吃请，接受学生及家长赠送的礼品或礼金，托家长办私事。否则，经查实每项（次）扣10分。

针对上述（9至13款）行为，视情节予以"一票否决"或予以行政处分。

（六）终身学习

1.每位教师坚持读书并做好笔记，少一次扣2分。

2.教师必须参加市、校组织的各类培训学习，无故缺席一节扣5分，迟到或早退一次扣2分，拒绝参加者按有关规定进行处理。

3.每位教师每学期必须上交教学论文一篇，缺一篇扣10分；对于教师剽窃他人成果或用其他方式弄虚作假的各类文章，每篇扣20分，并视情节予以"一票否决"。

三、考核原则、方法及考核等级确定

以学年为时间段进行考核。学校加强日常管理，实行平时检查与集中检查相结合，力求做到公平、公正、公开、严谨、有序。平时检查、集中检查的结果和考评结果要及时公示。

1.根据师德师风方面出现的各种不良因素，学校进行登记、评分、计入考核，年终汇总公示。

2."优秀"等第比例不超过教职工数的20%。

3.坚持"一票否决"的原则。有下列情形之一的实行师德师风考核"一票否决"，并确定其师德师风考核为"不合格"。

（1）有违背党和国家方针政策言行的；

（2）以非法方式表达诉求，干扰正常教育教学秩序、损害学生利益或毁损学校名誉的；

（3）组织或者参与对学生的有偿补习活动、利用节假日和课余时间组织学生集体补课的；

（4）体罚或变相体罚学生，影响恶劣的；

（5）品行不端，歧视、侮辱学生的；

（6）在工作岗位遇到涉及学生人身安全的紧急情况，未及时采取措施保护学生人身安全的；

（7）在招生、考试、评估考核、职称评聘、教研科研中弄虚作假、营私舞弊的；

（8）强制学生订购教辅资料或者报刊的；

（9）向学生和家长索要或变相索要财物、收受学生和家长贵重财物的；

（10）擅自停课、缺课或擅离职守的；

（11）其他严重违反师德规范，造成不良影响和后果的。

四、师德师风考核考评办法

1.综合考评：由学校考评领导小组根据本方案及学校师德师风考核实施细则进行考评。

2.凡违反各级教育部门制定的师德师风有关规定并造成极坏影响的，取消评优评先资格。

五、师德师风考核结果的应用

师德师风考核结果与教师的年度考核、评优评先、教师职务评聘、绩效工资等各项师德师风要求相挂钩。对"一票否决"、师德师风考核"不合格"等，将视情节给予行政处分、解聘处理。

本方案由学校办公室负责解释，未尽事宜由学校师德师风考核领导小组研究决定。

芜湖市第十一中学城东校区
校级骨干教师遴选条件

芜湖市第十一中学城东校区校级骨干教师以党的二十大精神为指引，认真学习领会习近平新时代中国特色社会主义思想，全面贯彻党的教育方针，自觉践行社会主义核心价值观，坚持立德树人，具有高尚的职业道德、先进的教学理念，对所教学科有较扎实的理论功底和丰富的教育教学经验，教学科研业绩良好，在全校学科教学中起骨干作用，有一定的学科影响力。

一、申报对象

芜湖市第十一中学城东校区在编在岗及校聘教师。

二、资格条件

具有大学本科及以上学历，且具有相应的教师资格，身心健康，能正常履职尽责，在学校执教3年以上。

三、业绩条件

1.教育思想先进，教学能力较强。在教学中注重落实立德树人要求，培养学生的创新精神和实践能力。教育有方法，教学有策略，在校、县（区）、市级及以上范围内具有一定的影响力和知名度。具备下列任意一项条件即可：

（1）教学经验较丰富。教育教学实践所积累的经验具有系统性、先进性，对于改进教学、提高质量等具有指导作用；

（2）教学设计较出色。能体现较先进的教学理念，采用有效教学策略，具有一定特色和风格；

（3）教学能力较突出。近五年中在校级教学比赛中获一等奖或市级教学比赛中二等奖以上1次，或者获县（区）、市级及以上"教坛新星""优秀教师""美丽教师""优秀教育工作者""优秀班主任"等荣誉称号1次；

（4）教学考评较优秀。申报参加当年由学校统一组织的考评课并获得良好以上等次。

2.教学效果良好，教学实绩显著。近五年中取得以下成绩之一：

（1）所教班级在省、市学业考试，或县市区以上教育部门组织的质量监控（抽测）中，平均成绩名列同层次学校前列，或本校平行班级前列（平行班级不少于3个）；

（2）所指导的学生在省级以上教育行政部门批准的各类竞赛中获省级三等奖以上1次，市级二等奖1次，或团体市级三等奖1次；

（3）所直接培养的学生具有特殊的创造才华，在县市区级以上教育行政部门、科技部门组织的科技活动、科技创新、科技制作、科技发明等方面中取得一定成绩或受到表彰；

（4）艺术、体育学科教师在县市区级以上教育行政部门、文化部门、体育部门组织的会演、会展、运动会等活动中，所指导的学生获得优秀成绩，荣获奖项或表彰；

（5）转变学困生，大面积提高教学质量。通过一个学段的教学，所任班级学生的平均成绩、合格率、优秀率，与其他平行班级平均数相比，差距有一定程度缩小。

3.德育工作经验丰富，成效显著。能一贯做到教书育人，注重学生高尚思想道德和良好行为习惯的培养，取得较好成绩。有两年以上班主任（或少先队辅导员、社团）工作经历，且具备下列条件之一：

（1）近五年中任班主任（或辅导员、社团）一年以上，所带班级班风良好，学生整体素质高，合格学生、特长学生多，获校级及以上先进集体称号1次；

（2）近五年来本人被评为市或县市区级以上优秀班主任（少先队辅导员）或德育先进工作者1次；

（3）近五年来德育工作的论文或经验总结在市级以上德育工作会议上交流并获得好评（须提交会议通知、论文、发言稿等原始材料）；

（4）在学校德育工作中，能很好发挥组织、管理作用，注重德育内容、形式、途径、方法创新，全校师生道德风貌、行为表现良好，受到上级有关部门表彰或所取得经验在一定范围内推广。

四、教科研条件

有较强的教科研意识和能力，积极参加各项教科研活动，承担教科研工作任务，近五年具备以下条件之一：

1.在省级以上具有CN刊号的学术刊物上发表教育、教学论文1篇或在其他有省内统一刊号的省级学术刊物上发表教育、教学论文1篇（以上均不含增刊和论文集）。

2.参加市级以上教研部门组织的教育教学论文评比，获省三等奖（市二等奖）1次，或市三等奖2次；或参加市级以上教育部门组织的其他教研成果评比（如教学设计、课件制作、微课视频等）获省级三等奖（市二等奖）1次，或市三等奖2次（专业委员会授予的奖项分别增加1次）。

3.应邀在县市区级教研部门组织的教学研究会议上作专题报告2次，或市级以上1次。

4.受聘参加市级以上教育行政部门组织的地方教材或教学参考资料编写1次。

5.在市级以上课题研究中，获优秀教育科研成果三等奖以上1次，或参与研究的课题通过上级教育行政部门组织的专家组评审验收且获好评。

6.积极开展教学改革和试验，认真总结推广成熟的教改经验和成功做法，教改成效显著，获得过市级优秀教学成果三等奖以上至少1次。

7.从事艺术、体育教学工作的教师，其本人在教育、体育、文化主管部门主办的全市性会演、会展、竞赛中获市级二等以上奖项2次或前6名。

芜湖市第十一中学城东校区
学科带头人评选条件

芜湖市第十一中学城东校区学科带头人应认真学习党的二十大精神，领会习近平新时代中国特色社会主义思想，全面贯彻党的教育方针，自觉践行社会主义核心价值观，坚持立德树人，具有高尚的职业道德、先进的教学理念，对所教学科有系统、扎实的理论功底和丰富的教育教学经验，教学科研业绩优秀，在全市学科教学中起骨干带头作用，有一定的学科影响力。

一、申报对象

芜湖市第十一中学城东校区学科带头人申报对象为芜湖市第十一中学城东校区具有教师资格、在岗教师且获得过市级或校级骨干教师荣誉称号。

二、资格条件

具有大学本科及以上学历且具有相应的教师资格；一级教师职称以上和市级或校级骨干教师称号，年龄一般不超过45周岁，身心健康，能正常履职尽责。少数特别优秀者，可适当放宽年龄、职称要求。

三、业绩条件

1.坚持在教育教学第一线工作，高质量完成规定的教育教学、教科研与学校（单位）安排的其他工作任务，满课时（工作）量。积极参加教师交流（支教）工作。

2.教育思想先进，教学能力突出。在教学中贯彻立德树人根本要求，坚持以培养学生创新精神和实践能力为宗旨，熟练使用各种科学的、行之有效的教学方法，促进学生可持续发展。教育有特色，教学有风格，在全市或校级及以上范围内具有相当大的影响力和知名度。具备下列两项条件即可：

（1）教学思想先进。能站在学科教学改革的前沿，了解本学科教学改革动态，把握学科发展趋势。须提交一篇反映本学科教改最新动态的综述报告。

（2）教学设计出色。能体现课程育人思想，理念先进、手段先进、方法恰当、风格鲜明。

（3）教学能力突出。近五年中，曾在市级以上课堂教学比赛中获市级二等奖及以上，或获得市级以上"教坛新星""优秀教师""美丽教师"等荣誉称号。

（4）教学考评优秀。申报参加当年校级考评课教学并获得优秀以上等级评价。

3.教学效果显著，教学实绩突出。近五年内至少取得以下成果中的一项：

（1）所教班级在省、市学业水平考试或市区以上教育部门组织的质量监控（抽测）中，学科平均成绩名列全市同类学校前列；

（2）所指导的学生在市级教育行政部门批准的各类竞赛中获市一等奖1人次（二等奖2人次），或团体获市一等奖1次（二等奖2次）；

（3）所直接培养的学生具有创造才华，在县市区级以上教育行政部门、科技部门组织的科技活动、科技创新、科技制作、科技发明等方面中取得显著成绩；

（4）艺术、体育学科教师在市级以上教育行政部门、文化部门、体育部门组织的会演、会展、运动会等活动中，所指导的学生获得优秀成绩，荣获个人前8名，或团体前3名；

（5）转变学困生，大面积提高教学质量。通过一个学段的教学，所任班级学生的平均成绩、合格率、优秀率，与其他平行班级平均数相比，基本持平或差距明显缩小。

4.德育工作经验丰富，成效显著。能一贯做到教书育人，注重学生高尚思想道德和良好行为习惯的培养，取得较好成绩。有三年以上班主任（或少先队辅导员或社团指导教师）工作经历，且具备下列条件之一：

（1）近五年中任班主任（或辅导员或社团指导教师）一年以上，且所带班级班风良好，学生整体素质高，合格学生、特长学生多（所带社团在市级以上评比中荣获团体优秀奖或社团学生参赛大面积获奖），获市级以上先进集体（或优秀社团、优秀指导教师）称号1次；

（2）近五年来本人被评为市或县市区级以上优秀班主任（少先队辅导员）或德育先进工作者1次；

（3）近五年来德育工作的论文或经验总结在市级以上德育工作会议上交流并获得好评（须提交会议通知、论文、发言稿等原始材料）；

（4）在学校德育工作中，能很好发挥组织、管理作用，注重德育内容、形式、途径、方法创新，全校师生道德风貌、行为表现良好，受到上级有关部门表彰或所取得经验在一定范围内推广。

四、教科研条件

有较强的教科研意识和能力，通过教科研不断改进教学方法、优化教学效果、总结教改经验、扩大教学改革成果受益面。近五年，要具备以下条件之一：

1.在省级以上具有CN刊号的学术刊物上发表教育、教学论文（必须以本人教育教学的实践或实验的经验和成果为内容，下同）1篇；或者在其他有省内统一刊号的省级学术刊物上发表教育、教学论文1篇（均不含增刊和论文集，下同）。

2.公开出版反映本人教育教学实践经验和教改成果的有统一书号的学术专著或合著1部，凡合著，本人撰写部分不少于1万字。

3.参加市级以上教研部门组织的教育、教学论文评比获省级三等奖以上1次，市级二等奖1次或市级三等奖2次（专业委员会授予的奖项分别增加1次），或参加市级以上教育部门组织的其他教研成果评比（如教学设计、课件制作、微课视频等）获省三等奖1次，市级二等奖1次或市级三等奖2次（专业委员会授予的奖项分别增加1次）。

4.应邀在全市教研部门组织的教学研究会议上作专题报告3次。

5.受聘参加市级以上教育行政部门组织的地方教材或教学参考书编写1次。须提供受聘证明和编写的材料。

6.在课题研究中，获市级优秀教育科研成果三等奖以上（市级二等奖以上）1次，或所主持的市级以上课题通过上级教育行政部门组织的专家组验收且获好评。

7.积极开展教学改革，认真总结推广成熟的教改经验和成功做法，教改成效显著，获得过市级优秀教学成果二等奖以上1次。

8.从事艺术、体育教学工作的教师，其本人在教育、体育、文化主管部门主办的全省性或市级及以上的会演、会展、竞赛中获二等奖以上奖项2次或前3名。

五、培养青年教师的条件

培养青年教师须具备以下条件之一：

1.乐于承担培养青年教师的责任，经常听同行课，并进行交流研讨，指导青年教师教学。近五年内所直接辅导的青年教师在市级或县区级以上教研部门举办的教学大奖赛中获得二等奖以上。

2.具有组织、带动学科教师开展教研、科研活动的能力。近五年内有本人负责的市级以上立项科研课题，并按计划开展研究，取得一定的研究成果或进展。

3.在县市区级以上教育行政部门组织的各类教师培训活动中承担一门课程的授课任务或示范课3次（市级2次或省级1次）。

芜湖市第十一中学城东校区
校级名师遴选条件

芜湖市第十一中学城东校区校级名师应坚定贯彻执行习近平新时代中国特色社会主义思想，坚持把立德树人贯穿于教学全过程，自觉践行社会主义核心价值观，具有高尚的职业道德、执着的教育情怀，教学理念先进，教学艺术精湛，教学科研业绩优秀，形成了一定的教学风格，在全校学科教学中起中坚作用，有较大的学科影响力。

一、申报对象

校级名师申报对象为芜湖市第十一中学城东校区具有教师资格、在岗教师且获得过"芜湖市骨干教师"以上称号。

二、资格条件

一般应具有大学本科及以上学历，且具备相应的教师资格，任高级教师职称5年及以上，曾获得市优秀班主任（十佳班主任）、市最美教师、市优秀教师、市中小学教坛新星、省特级教师等荣誉，或芜湖市中小学学科带头人称号。年龄原则上不超过50周岁，身心健康，能正常履行工作职责。

三、业绩条件

1.教学业务精通。坚持在教育教学、教科研等第一线工作，高质量完成规定的教育教学、教研科研与学校安排的其他工作任务，满课时（工作）量。学校校级领导应在教学第一线任教5年以上，担任校级领导职务后仍继续兼任一门课的教学工作并仍在教学岗位，且教学工作量达到规定要求，教育教学、教科研成绩突出，所教学科业务水平或教科研能力在市级及以上范围内得到同行公认。

2.示范作用显著。充分发挥学科教学的中坚作用，在市级及以上范围开设过教学公开课、示范课、观摩课、一日活动展示或专业（学科）讲座等，效果良好。积极承担指导青年教师工作，在青年教师思想政治素质、业务水平和教育教学能力等方面取得显著成效。

3.指导学生成效突出。积极参与学生思想政治教育和班主任工作，在培养学生创造能力，发展学生智力，指导优秀生以及教育心理行为有偏差、学习有困难的学生等方面具有丰富的经验。能根据学科特点有机结合教学开展课外活动，并取得明显成效。一般应具有5年以上相关工作经历，班主任或团队工作成效显著并获得市级及以上集体或个人荣誉称号。

四、教科研条件

申报对象近5年应取得以下至少两项成果：

1.主持至少1项市级及市级以上教育科研规划课题或教研（教改）课题，并通过课题立项部门组织的成果鉴定或结题验收；

2.至少有2篇高质量本学科教科研论文、经验总结、研究报告独立（或作为第一作者）公开发表或获市一等奖以上，或有一项及以上具有产业成果转化价值的授权发明专利；

3.积极参与课程改革，具有较强的课程设计能力，开发1门及以上校本课程（或精品课程），或具有开设选修课程1年以上的教学经历；或担任主编（副主编）开发并公开出版符合素质教育要求的中小学生专题教育读本且在一定区域内推广使用；

4.积极开展教学改革和试验，认真总结推广成熟的教改经验和成功做法，教改成效显著，获得过市级优秀教学成果一等奖以上至少1次。

芜湖市第十一中学城东校区"名班主任工作室"主持人评选标准

第一，忠诚于党的教育事业，有理想信念，有道德情操，有扎实学识，有仁爱之心。认真履行班主任职责，教书育人，关爱学生，尊重学生人格，因材施教，促进全体学生身心全面协调发展；勇挑重担，敬业奉献，师德高尚，为人师表，深受学生爱戴，班主任工作在全校能起到示范引领作用。（撰写班主任工作经验总结一份）

第二，德育工作经验丰富、有特色，在建班育人过程中，能有效处理班级和个别教育中的常规问题、偶发（突发）问题，对教育行为能理性思考，并有一定的德育工作成绩或典型成功的教育案例不少于1个，在校内有一定影响力。（撰写德育工作案例一个）

第三，育人理念先进，班级管理经验丰富，获得以下成绩之一：

1.德育相关研究论文在省级以上刊物上发表。

2.德育论文（含德育读书征文）获市级二等奖1次或校级一等奖1次以上。

3.在学校《净雅教育》上发表德育文章不少于2篇。

4.主持市级德育课题研究1次以上，并取得一定成效。

5.校级班主任工作经验分享2次以上，有分享文稿及活动现场照片。

第四，热爱班主任工作，在本校从事班主任工作4年以上，且在评选为名班主任工作室主持人之后至少还需要两年班主任任期。在培养优秀班集体、学生思想教育、关心全体学生的成长等方面成绩显著。任班主任工作以来，获得以下荣誉之一：

1.所带班级获市级以上先进班集体（或先进团支部）1次以上。

2.本人获市级优秀班主任、中小学师德工作先进个人等市级以上表彰，或获得"附外最美教师"荣誉称号2次以上。

3.本人在市班主任基本功大赛及市辅导员大赛中获市二等奖1次以上。

4.任班主任以来，在校内班主任工作学期评估中获得"优秀"不少于4次。

第五，实行师德一票否决制，凡在师德师风方面存在问题的教师一律不能作为评选对象，已获评的发现师德师风方面存在问题，将取消名班主任工作室主持人称号。

芜湖市第十一中学城东校区
"净雅"课程之社团示例

智汇科创社

科技创新与科学普及在中小学阶段对于培养创新人才、提升学生科学素养、促进教育现代化、响应国家战略等方面具有深远的意义。创新教育要从娃娃抓起，每个平凡的学生都可以启思创新。培养创新思维与方法，不一定要学生当下发明出什么，而是这种奇妙的学习经历会持续影响着学生的发展。

在校领导的重视与支持下，校科创类活动丰富多样，获奖人数和质量逐年提升。智汇科创社成立于2019年，负责人汪东生老师为芜湖市十佳科技辅导员、为李昌旺科创工作室成员，他积极主动参与各种培训学习，将先进的经验和做法引入教学。社团以创新、体验、成长为主题，通过组织科普研学活动、机器人等科创竞赛，以及进行创意开发培训，以此来培养学生的科学素养、创新思维和实践能力，激发学生对科学探索的热情。

社团对接校外优质资源，让学生走出校园，通过亲身体验与互动，培养学生的实践能力和创新精神。如参观安徽工程大学机械工程（人工智能）学院、纺织服装学院、生物与食品学院相关实验室，高端装备先进感知与智能控制教育部重点实验室，"芜湖浆染技艺"非遗传习，啤酒酿造工艺实验室，芜湖市埃夫特机器人公司等。

社团成员积极参加芜湖市科学技术协会、芜湖市科技馆组织的活动，作为"科技馆里的科学课"试点校和"科创筑梦"试点校、芜湖市"悦创科学大讲堂"活动校，学校组织了丰富的线上线下活动，在学校公众号、市教育局网站、大江晚报等平台有丰富报道。如组织学生观看"院士科学人文课""青年科学家科技前沿课"，在2024年"我问科学家"活动中学校有3名学生收到科学家回信。

社团组织参与"悦成长"实验创新大赛，选拔培训学生参加全国青年科普创新实验大赛、青少年科学调查体验活动等赛事，近5年取得百余项市级及以上证书。社团积极牵头申报科普示范学校：2021年6月，申报全国青少年人工智能科普活动特色单位；2023年7月，申报"央馆人工智能课程"规模化应用试点校；2022年10月，获芜湖市"科技馆里的科学课"试点校；2023年12月，申报全国中小学科学教育实验校。

近5年，社团充分发挥领导小组、授课教师团队、学校课程建设等功能。建立由校长负责，分管科技活动的校长牵头，以科创中心为依托，带动小学科学、信息技术、数学、物理、生物、地理等学科老师，不定期地对课程内容以及学生的上课情况进行反馈、讨论，不断优化上课内容及形式，保证课堂教学进入良性发展状态。

学校每年都会有很多孩子参加青少年科技创新大赛，并在大赛中获得各类奖项。近5年，学校每年都有50项以上科创项目在各级科技类比赛中获奖。芜湖市第十一中学城东校区将继续致力创新人才早期培养，促进学生"五育并举"。

社团强调课程的综合性和拓展性，落实校本课程，使课程学习和学生的美好生活实现有机融合，让学生在自然的学习和生活中体验自我价值的实现，充分感受学习带来的快乐。学校充分发挥课程的育人功能，诠释了学校"净雅教育"的内涵，构建了"知行合一，互相润泽"的课程交融体系，为推进"五育并举"、实现"三有"新人的培养目标提供了园地。

"黄梅花开"戏曲社团

戏曲是我国优秀传统文化的代表之一，也是中小学美育中重要的组成部分。芜湖市第十一中学城东校区重视传承传统文化、重视学生美育发展，于2021年3月开设了"黄梅花开"戏曲特色课程，多年来，学校通过从芜湖市艺术剧院引进名家名角的方式，利用课后服务的时间进行教学，经过长时间的训练，已经硕果累累。

戏曲课程的发展离不开优秀教师的引领。学校聘请了专业戏曲教师方芳和徐叶保。方芳，芜湖市艺术剧院艺术团副团长，国家二级演员，中国戏剧家协会会员，中国曲艺家协会会员，安徽省戏剧家协会理事，芜湖市戏剧家协会副主席，1984年12月进入安徽省黄梅戏学校学习黄梅戏，曾多次参加安徽省戏剧节获奖剧目；徐叶保，芜湖市艺术剧院优秀青年演员，毕业于安徽省黄梅戏学校，安徽省戏剧家协会会员，芜湖市戏剧家协会副秘书长，皖南非遗剧种"目连戏"传承人，曾在黄梅戏《天仙配》中饰演董永，《女驸马》中饰演"冯益民、刘文举"，《江姐》中饰演"甫志高"，《牛郎织女》中饰演"牛郎"等角色。方芳老师专门负责女生的唱腔及身段动作，徐叶保老师负责男生，他们敬业的精神、负责的态度、专业的指导，使同学们基础越来越扎实，同学们对戏曲越来越感兴趣。

自从戏曲课程开设后，同学们学习了很多黄梅戏经典唱段的唱腔及动作，比如《打猪草》《谁料黄榜中状元》《夫妻观灯》等。本学期，两位老师选取了《杉木水桶》及《三说媒》的唱段进行教学。戏曲老师非常注重基本功，每节课一开始，同学们都会换好舞蹈鞋，开始跑圆场，练习基本功。在教授新唱段时，因为黄梅戏大多都是以安庆方言来演唱，为了学习得正统，老师都会先带学生学习歌词的读音，再一句一句进行教唱。充分熟悉唱段后，教师再进行身段的教学。我们在招新时严格按照音准及舞蹈基础的标准选拔出优秀的同学，他们在学习身段动作时宛如春天花丛中的蝴蝶。

经过老师和同学们的共同努力，"黄梅花开"戏曲社团近年取得了丰硕的成果。学校成为芜湖市戏曲进校园活动首批试点学校，在2021年芜湖市"戏曲进校园"中小学戏曲节目展演活动中，节目《新梅声清亮》获全市一等奖，并参加了2022年芜湖市春节戏曲晚会的录制。在芜湖市

2022—2023年度中小学社团展示暨评优活动中，节目《夫妻观灯》获全市一等奖。2024年，编排的节目《天河来了小仙女》获全市一等奖。戏曲获奖节目在校艺术节中进行展演，获得一致好评，学校也在2023年度被评为"戏曲进校园优秀学校"。

传统文化以创新、丰富的形式来展现，获得了生根发芽的土壤，绽放了美丽绚烂的戏曲之花。"黄梅花开"戏曲社团将继续努力，并引领更多的艺术实践活动用全新的方式去开展，促进学生的全面发展。

堆漆创艺社团

芜湖堆漆画"以漆作画"，将瓦灰、泥粉、生漆等混合揉打成漆泥堆塑在木板上，用工具雕刻花鸟、人物、风景等初坯，再用砂纸打磨修整，上白漆底色，依据画面内容，涂绘相应的色漆，最后辅以贴金、包金等髹饰手法，装框而成。堆漆画内含泥塑之技、外呈浮雕之形，既有油画的色彩斑斓，又含国画的生动气韵，既能用鲜明的色调表现花草飞禽，也可用大笔写意技法挥写山河景色，具有雍容华丽、斑斓多彩的艺术风格。

芜湖堆漆画是民间艺人的创新成果，它的出现丰富了漆画艺术的表现形式，它与宽厚仁爱、兼收并蓄、开放进取的江城文化是一脉相承的，这些文化品格隐含在堆漆画作品的内容中，人们不仅能从中欣赏到外在的形式的美，更重要的是从它所蕴含的道德、信仰、价值观中感悟到内容的美。

学校美术教研组将"堆漆创艺"纳入学校美育课程体系，全校开展普及性特色课堂，内容涉及文化、材料、技法、应用以及衍生等，结合教材内容创新性地使用资源，每学期每年级开设2次专题课、1次专题讲座。同时，以艺术实践工作坊为主体，成立了堆漆创艺社团，招纳有兴趣、有能力的学生成员，利用我校课后服务及活动课程时间，依托美术教师及高校指导教师进行专项式、进阶性的学习创作。工作坊成员约30人，每周2节课，采用讲授法、示范法、讨论法、参观法、项目式学习法等，在漆画功能教室开展教学。学生在艺术工作坊里升华和提高，时间相对灵活，教师可以有针对性地进行辅导，作品也更加优秀。艺术工作坊的开展，能够丰富学生的课余生活，使学生更加深入学习非物质文化遗产，这样才能对民间美术未来的发展有实质性的积极影响。

学校配齐堆漆画的教学设备与器材，设置专用功能教室，并提供储藏教具、工具、材料的场所。功能教室配备关于堆漆画的书籍和相关教学资源，以供教师备课及上课、学生收集及查阅资料时使用。教师广泛利用芜湖本地的美术馆、图书馆、博物馆、艺术家工作室等丰富的社会资源来开展教学。带领学生走出校园、走近人民大众，在民间美术的起源地寻找、体验、感悟芜湖堆漆画的真谛和精髓。通过多种方式和渠道进行教育活动，走访民间艺人、拜访高校艺术家、参观博物馆和美术馆、调研工艺美术厂……指导学生参与堆漆画相关历史文化的收集、整理，让学生亲自体验生活、感受民俗文化，扩大学生的知识面，引发情感的共鸣，丰富美术创作内容，提高学生的综合探究能力。

堆漆创艺社团成果突出。2018年，堆漆创艺社团在芜湖市学校美育成果展中获一等奖，并获"最具本土特色工作坊"称号；2019年，在安徽省第六届中小学生艺术展演中获艺术实践工作坊二等奖，艺术作品《戏出江城》获安徽省青年教师课例，《喜庆吉祥的民间美术——芜湖堆漆画》获得芜湖市中学美术优质课一等奖第1名；2021年，基于特色社团的实践研究论文获芜湖市优秀共青团工作研究论文一等奖；2021年，工作坊获芜湖市科技创新实践活动一等奖第1名，安徽省三等奖；2022年，教师课例《家乡的艺术》获芜湖市小学美术优质课一等奖；2022年，学校因芜湖堆漆画特色美育活动获首批"安徽省中华优秀传统文化传承学校"荣誉；2023年，郭海贝教师的研究论文《在艺术课程标准的背景下开发芜湖博物馆美育资源的有效路径》获安徽省中小学教育教学论文评比二等奖；在2023年全国中小学生艺术展演中，"堆漆创艺坊"获学生艺术实践工作坊类安徽省一等奖、全国二等奖，也是芜湖市首个在全国此类艺术展演中获奖的实践坊；2024年，学校获安徽省教科院授予的

"安徽省中小学美术教研基地校"荣誉并挂牌。

在堆漆画教学过程中，社团采用丰富的教学形式和方法，重视对学生个性与创新精神的培养，引导学生在具体情境中探究与发现，创造性地解决问题，使学生的多种能力得到综合开发，通过收集、整理堆漆画的历史文化，掌握堆漆画的用途、寓意、材质以及制作工艺，并将此技能迁移到相关艺术种类的创作中，提高学生的动手能力、信息处理能力，也培养了学生的创新意识及团队意识。

追梦足球社

足球作为一种集体性、竞技性强的体育项目，不仅可以锻炼学生的身体素质，还能培养他们的团队合作精神和竞争意识，因此成为学校教育改革中的重要一环。学生自身对于足球运动的热爱和需求也是校园足球发展的重要动力。足球运动具有独特的魅力和吸引力，能够激发学生的运动热情和兴趣。同时，通过参与足球运动，学生可以结交到志同道合的朋友，从而拓展自己的社交圈子，提升自己的综合素质。

随着国家对足球事业的持续投入和改革，足球发展上升到了国家战略层面。教育改革为校园足球的发展提供了有力支撑。在芜湖市第十一中学城东校区领导的高度重视下，2016年成功申报而成为全国足球特色学校，在2017年9月成立了"追梦足球社"。招募学校中对足球感兴趣的学生加入"追梦足球社"。2019年3月，学校被评为全国青少年校园足球"满天星"训练营试点校。

追梦足球社每周安排两次训练，分别在周二和周三的课后服务时间进行。每次训练时长约1小时。在训练过程中，学生们表现出了极高的热情和积极性。他们认真听讲、刻苦训练，不断挑战自我。

通过足球社团活动，学生们在足球技能上有了明显提高。他们更加熟悉和掌握了足球的基本技巧，同时也培养了对足球的热爱。在团队合作方面，学生们也表现出了良好的集体意识和协作精神。

2018年在芜湖市中小学生校园足球联赛中荣获全市二等奖，社团成员高尧、张敬元入选芜湖市小学男子足球队，并代表芜湖市参加安徽省校园足球联赛，获小学男子甲组全省季军等；2021年在芜湖市第十四届运动会中小学生足球比赛项目中，获全市第六名；2023年获芜湖市第三届"市长杯"校园足球体育道德风尚奖。

后　记

2023年，在办学的第十个年头，芜湖市第十一中学城东校区集众人智慧提出了"净雅教育"理念，引领全校师生不断砥砺前行，"净其心雅其行"的校训成为全校师生的心灵呼唤和行为准则，学校高质量发展持续推进。

本书是由芜湖市第十一中学城东校区党总支书记车文胜、校长汪国柱主持的省级重点课题"'有理想、有本领、有担当'时代新人九年贯通式培养的实践研究"（课题编号：JKZ23004）和芜湖市教育信息技术研究课题"创设智慧大党建格局引领义务教育学校高质量发展的实践研究"（课题编号：WH2024012）的研究成果。这两项课题以义务教育阶段教师落实新课程方案和新课标为切入点，以学生"三有"素养养成为目标导向，以芜湖市第十一中学城东校区为例，基于党组织领导下的校长负责制，以智慧大党建打造"净雅教育"校园文化，开展新课程方案背景下"三有"时代新人九年贯通式培养的实践研究。在理论研究和实践调查研究分析的基础上，以校园文化建设"净雅教育"为顶层设计，探索校园物质文化和精神文化的整体育人功能，分别从学校管理、教师专业发展、课堂教学改革、课程建设、综合实践活动、教学评价、育人环境、回顾与展望等多个方面进行实践研究，全面落实"五育并举"，探索"三有"时代新人九年贯通式培养的路径，培养有爱国主义情怀、心怀大我、能够担当民族复兴大任的新时代好少年，实现学校高质量发展。

在研究过程中，课题组成员做了大量的策划、研究、组织和整理工作。学校的部分行政干部、骨干教师参与了该研究的全过程，对"净雅教育"在课堂内外育人中的浸润方法、浸润路径做了深入细致的研究梳理，取得了"净雅教育"赋能管理、浸润课堂、融入校园、深化评价、贯通中小学等实践研究的系列成果。车文胜主讲的"以'净雅教育'培育'有理想、有本领、有担当'的时代新人"课程，还入选国家行政学院中国教育干部网络学院课程资源库。

我们立足于"净雅教育"，结合学校教育教学工作实际及具体案例，寻求贯通式培养"有理想、有本领、有担当"时代新人的有效路径，探索智慧大党建格局引领义务教育学校高质量发展。感谢安徽师范大学教育科学学院院长李宜江为本书作序。感谢学校参与编写的人员：陈配友、袁自全、王文、晋自强、黄荣、薛涛、汪正辉、汪芳芳、胡仓兵、刘君君、陈玉胜、袁芳、葛成云、李密、何诚意、唐翠华、高鹏、汪东生、顾宇、郭海贝、李希、刘亚琴、狄倩、葛新成、张琴、俞婷婷、邓婷等。希望本书的出版能够为校园文化建设与育人策略的碰撞融合研究提供参考，推动更多学校教育教学的高质量发展。

最后，感谢安徽师范大学出版社相关人员对本书的顺利出版所做的大量工作。

车文胜　汪国柱
二〇二五年四月